城市地域文化符号体系
构建与传播研究

张迪 著

吉林出版集团股份有限公司
全国百佳图书出版单位

图书在版编目（CIP）数据

城市地域文化符号体系构建与传播研究 / 张迪著. -- 长春：吉林出版集团股份有限公司，2023.12
ISBN 978-7-5731-4468-3

Ⅰ.①城… Ⅱ.①张… Ⅲ.①城市文化-研究-中国 Ⅳ.①C912.81

中国国家版本馆CIP数据核字(2023)第234087号

CHENGSHI DIYU WENHUA FUHAO TIXI GOUJIAN YU CHUANBO YANJIU
城市地域文化符号体系构建与传播研究

著　　者	张　迪
责任编辑	宫志伟
装帧设计	邓晓新

出　　版	吉林出版集团股份有限公司
发　　行	吉林出版集团社科图书有限公司
地　　址	吉林省长春市南关区福祉大路5788号　邮编：130118
印　　刷	唐山富达印务有限公司
电　　话	0431-81629711（总编办）
抖 音 号	吉林出版集团社科图书有限公司　37009026326

开　　本	710 mm×1000 mm　1 / 16
印　　张	10
字　　数	150千
版　　次	2023年12月第1版
印　　次	2023年12月第1次印刷

书　　号	ISBN 978-7-5731-4468-3
定　　价	48.00 元

如有印装质量问题，请与市场营销中心联系调换。0431-81629729

前　言

　　城市文化体现了城市的精神风貌和文化内涵，涵盖了城市的历史传统、地域特色、民风习俗、艺术文化、精神与价值观等多个方面，这些城市文化要素共同塑造了城市独特的个性与魅力，使城市成为一个充满活力和创造力的地方。城市文化体系是城市重要的组成部分，构建城市文化体系是城市发展和社会进步的重要任务之一，是城市的灵魂和标志。本书以城市文化体系构建与传播为研究内容，通过城市文化形成、城市文化体系、城市文化符号、城市文化传播、城市文化体系融合创新五个章节，系统地对城市文化体系构建与传播进行了全方位、多维度的研究。旨在通过研究，对改善城市形象，提升城市品质，打造城市品牌，促进城市经济发展以及扩大城市影响力等起到推动作用，进而促进城市的可持续发展。

　　本书为2020年沈阳市社会科学立项课题的研究成果。在本书完成过程中，特别感谢辽宁传媒学院王东辉校长给予的支持，并对课题组张莹莹、李岩、张潇予、孙妍四位老师为课题研究提供的相关材料表示感谢。

目　　录

第一章　城市文化形成 ... 1

第一节　城市文化内涵 ... 2

第二节　城市文化特征 ... 3

第三节　城市文化价值 ... 6

第四节　城市文化关联 ... 9

第二章　城市文化体系 ... 14

第一节　城市精神与城市形象 ... 17

第二节　历史遗产与文旅产业 ... 27

第三节　艺术文化与创意产业 ... 33

第四节　多元文化与城市 IP ... 39

第三章　城市文化符号 ... 45

第一节　城市文化与符号 ... 45

第二节　要素符号系统 ... 47

第三节　聚类符号系统 ... 53

第四节　文化符号系统 ... 60

第四章 城市文化传播 66

第一节 建设城市特色品牌 67
第二节 建设文化交流平台 76
第三节 多渠道宣传与推广 84
第四节 加强国际交流合作 91

第五章 城市文化体系融合创新 99

第一节 城市文化体系构建思路 100
第二节 打造城市特色品牌形象 112
第三节 建设城市文化符号系统 124
第四节 城市文化传播推广策略 135

参考文献 151

第一章 城市文化形成

城市文化是一个城市在建设发展过程中逐渐形成的一种独特的文化形态和生活方式，它是由城市中的人群、建筑、艺术、产业等多方面共同构成的。城市作为一个聚集了大量人口和资源的地方，不同于乡村或者小镇，其文化也呈现出多样性和独特性等特点。此外，城市文化还受社会、历史、地理环境、地域文化、居民行为和价值观念等多种因素的影响，也正是这些因素共同塑造了城市文化。

各城市文化之间存在明显差异，通常是由于地理自然环境的不同、地区之间社会发展进步的不平衡，政治、经济、文化的历史演进路径迥异以及各地域民众积淀地千差万别的行为方式与文化心态，都直接或间接地在不同城市打上了种种别具一格的文化烙印。在自然资源、人文景观、民俗艺术、价值观念、人物事件、产业活动等诸多方面创造出丰富多彩的文明成果，为城市文化的形成与发展提供了丰厚的滋养沃土。

城市文化的形成是一个长期而复杂的过程，是多个因素影响下塑造而成的，如历史与遗产、地理环境、移民与多元文化、经济与产业结构、教育与知识产业、政府与公共政策等。例如，沿海城市可能有与海洋相关的文化特色，山区城市可能有与山水田园相关的文化特征。城市作为人口聚集的地方，常常容纳着来自不同地方和不同文化背景的移民。这些移民群体带来了各自的文化传统、语言、宗教等，逐渐融入城市文化中，形成了多元文化的特点。又如，金融中心的城市可能有着商业和创新的文化氛围，工业城市可能有着工人阶级的文化特征，艺术之都可能有着繁荣的艺术与创意产业。再如，高等院校、研究机构和科技企业的集聚，以及艺术学院、文化机构的发展，都为城市注入了知识、创意和艺术的元素，并推动了城市文化的创新和发展。此外，政府的文化政策和城市规划也对城市文化的形成具有一定的影响力。政府的扶持和保护，以及对文化机构和活动的支持，可以促进城市文化的繁荣与传承。

总而言之，城市文化的形成是一个综合性和多层次的过程，受到历史、地理、社会、经济和政策等多种因素的影响。这些因素相互作用、相互影响，共同塑造了城市的独特文化特征和文化魅力。

第一节 城市文化内涵

城市文化是指城市中形成的一种独特和丰富的文化特征、风格与价值。城市文化的形成受城市的价值观、历史传统、艺术文化、多元文化融合等多种因素的影响。

城市文化的内涵体现了城市的历史沿革和传统文化的传承。这包括城市的建筑风格、历史遗迹、传统节日、习俗和仪式等。历史和传统是城市文化的重要组成部分，反映了城市的根源和身份认同。城市文化的内涵还包括艺术文化的发展，它涵盖了各种形式的艺术文化表达，如绘画、音乐、舞蹈、戏剧、电影、文学作品等。艺术文化不仅是城市文化的重要组成部分，也是城市生活品质和精神层面的重要体现。城市文化的内涵也体现了多元文化的特点和文化融合的力量。城市作为人口和文化的聚集地，各种不同背景和文化传统的人们在这里相互交流和融合。城市文化的内涵也反映了这种多元性和融合性，展示了城市的开放性和包容性。

总而言之，城市文化的发展是一个持续演变和丰富多样的过程，它在不断交汇和创新中变得更加丰富多元。城市文化内涵是一个多层次、多维度和多元化的概念，它体现了一座城市所具有的独特的文化特征。通过价值观、历史传承、艺术表达以及多元文化融合等方面，城市文化的内涵为城市增添了生机和魅力，并成为城市发展的重要组成部分。

第二节 城市文化特征

城市文化的发展是一个持续演变和丰富多样的过程。随着时间的推移，城市逐渐成为文化交汇和创新的中心，各种不同的人群和思想在城市里相互碰撞、融合和共存。与此同时，城市文化也在不断发展中变化。尽管如此，城市文化还是有着稳定性、多样性、地域性和动态性等特征。这些特征也成为城市文化发展及城市品牌形象塑造过程中重要的影响因素。

1. 城市文化有着稳定性特征

城市文化是城市的基石，它代表了城市的历史和传统，这就是城市文化的稳定性特征。城市文化的产生源自该城市，传播通常是以该城市为源地向外扩展，其变迁也是以自身的基本特征为基础而逐步发展变化。城市文化的形成是长时间积累积淀的过程，是在该地区普遍意义的传统文化基础上的一种发展变化。城市文化有着稳定性的特征上，其主要表现在该城市相对稳定的地域特征上，如地理环境、历史背景、当地礼节、风俗习惯等。这些相对稳定的地域特征，较少受到时代变迁的影响，并被该城市一代又一代的传承，也正是因为城市文化的稳定性特征，促进了该城市文化的传承与发展。

2. 城市文化有着多样性特征

由于城市吸引了来自不同地方的人们，因此，城市文化也呈现出多种多样的面貌，这就是城市文化的多样性特征。城市文化的多样性主要表现在该城市地域文化的空间范围和文化层次方面。通常大范围的地域文化具备更好的文化传承基础，而较小范围的地域一般依靠该城市地域文化特色活动形成独特的文化特征和文化氛围。有观点认为，地域文化有雅与俗之分、内在与表象之分、原生与外来之分、主流与非主流之分等，正是由于这些不同角度、不同层次的区分，使城市文化多样性特征表现得更加明显。也正是由于城市文化有着多样性特征，才使得城市文化呈现出多元化发展态势，促进了城市文化特色化的形成。

3. 城市文化有着地域性特征

每座城市都有自身独特的文化特色，反映了该城市的风土人情和地域特点，体现了城市文化的地域性特征。城市文化中非常重要且突出的一个特征就是其所具有的地域性特征。地域性特征通常是以该城市所独有或独创，且具有典型性和独特性，并以区别于其他城市地域文化为主要特征，而这一特征能够为该城市深深打上独有的文化特色烙印。城市文化的地域性特征是一座城市人们在长期生活、生产以及社会历史演进中积淀而成的。无论是该城市遗存的历史文化、名胜古迹、地方传说等显性的地域文化，还是城市中的地域传统、地域风俗、地域习惯等隐性的地域文化，无一不显露出浓郁的城市地域色彩。正是由于城市文化的地域性特征，使该城市所孕育出的人的个体具备独有的城市地域文化特质，而这种文化特质也使他有别于其他城市的个体。

4. 城市文化有着动态性特征

城市文化不断演变和更新，随着时代的变迁和社会的发展而不断变化，这就是城市文化的动态性特征。城市文化的动态性特征主要在一座城市文化形成的过程中体现。一般是通过这座城市人们形成的精神品质、道德规范、生活方式、风俗习惯等构建的知识体系，创造的物质财富等，经过漫长的历史变迁最终积淀而成的，这一过程表现为城市文化的动态性特征。城市文化的动态性特征通过传播与继承，更新与发展而不断进步变化，这种动态性的变化可能是在传播过程中受域外文化影响，也可能是由于自身文化发展更新而形成的。尽管城市文化变化相对缓慢，但受经济社会飞速发展、科技不断进步的影响，其变化的速度和范围也在加快加大。

城市文化的特征也成为城市文化发展及城市品牌形象塑造过程中重要的影响因素。丰富多样的城市文化使得城市具有独特的魅力、吸引力和竞争力。通过城市文化的持续发展和传承，突出城市文化的稳定性、多样性、地域性、动态性等特征，树立城市独特的形象，促进城市知名度和声誉的提升，进而建立起具有影响力的城市品牌形象。

第三节 城市文化价值

城市文化作为城市长期积淀形成的独特气质，在城市发展中扮演着重要角色。它不仅反映了城市的历史、传统和文化特点，还体现了城市的时代精神和先进文化。

1. 城市文化能够体现该城市的时代精神和先进文化

随着社会的变革和发展，城市作为文化创新与交流的中心，承载着时代的特征和思潮。城市文化通过艺术、文学、音乐等形式表达城市居民对时尚、前卫和创新的追求，体现出城市的现代性和活力。城市文化不仅仅是一种社会现象，更是城市发展和繁荣的核心组成部分。城市文化的发展与城市的经济、社会、政治等方面密切相关，它对于塑造城市形象、吸引人才、推动创新和促进社会和谐起着重要作用。作为时代的精神体现，城市文化反映了社会发展的趋势和变革。在现代社会中，城市作为人们生活和工作的主要场所，涌现出了丰富多彩的文化表达和创意产业。这些文化元素包括音乐、艺术、电影、时尚、建筑等，每一种都代表了当代人们的审美观和生活方式。

在城市文化中，能够被传承的优秀文化通常都是昂扬向上的，更是丰富多彩的，它的丰富多彩主要体现在文化内容丰富和文化形式多样方面，一般都是通过人们喜闻乐见的形式展示出来。一座城市文化的多元绽放和多样化发展正是借助城市文化这个重要载体具体展现的。城市文化的传承与发展是该城市先进文化不断发展、创新、交融、升华和弘扬培育更丰富城市文化的根基和力量源泉所在，也是一座城市体现城市精神面貌以及先进文化的根本所在。

2. 城市文化有助于传承和发展该城市的优秀文化

每个城市都有其独特的历史文化遗产，这些文化遗产是城市发展的重要组成部分。通过保护、传承和创新性发展这些优秀文化，能够促进城市增强自身的文化自信和凝聚力，丰富城市居民的精神生活。城市文化包括城市的历史、传统、价值观念以及当代社会的创新和变革。通过传承和发展城市的优秀文化，可以为城市居民提供一种独特的身份认同感，并丰富他们的生活体验。城市文化的传承是将城市的历史和传统文化传递给后代的过程。这意味着保护和传承城市的历史建筑、文物、民俗等方面的遗产，同时也包括传承城市的艺术、音乐、舞蹈、文学等方面的传统文化表达形式。通过传承城市的优秀文化，我们能够更好地了解和理解城市的过去，从而更好地塑造城市的未来。

任何城市的优秀文化都有其独特性和特殊性，城市作为人们聚集的地方，吸引了来自世界各地的人们，他们带着自己的文化背景和传统习俗来到这座城市。这种多元文化的交叉和融合，促使了城市文化的创新和多样性。而城市文化中的多元文化融合也使得城市文化的独特性和特殊性更加凸显。城市文化的多元性、独特性和特殊性都包含在这座城市文化的共性之中，文化的共性也寓于文化的个性之中。因此，深入研究一座城市的文化历史背景和时代发展，深入挖掘该城市传统文化的丰富内涵及特色，深入剖析该城市民族精神的内在积淀，是传承和发展一座城市优秀文化的重要途径，也是一座城市传承优秀文化以及促进城市建设发展的有效途径。

3. 城市文化有利于弘扬和培育该城市的民族精神

不同城市拥有不同的民族文化和民俗传统，这些文化元素是城市独特性的重要体现。通过弘扬和培育该城市的民族精神，城市文化能够提升居民的文化认同感和归属感，推动社会和谐稳定。作为一座城市的独特标志，城市文化承载着该地区独特的历史、传统、价值观念和生活方式。通过弘扬和培育城市精神，城市文化可以加强居民之间的凝聚力和认同感，同时也有助于保持该城市的文化传统，并推动社会的进步与发展。弘扬城市精神意味着传承和传播该城市的核心价值观和文化传统。这涉及对城市历史、传统习俗以及语言和艺术等的传承和弘扬。通过举办各种文化活动、庆祝传统节日等方式，城市居民可以更好地了解和体验自己的城市文化，增强认同感和幸福感。

一座城市的精神需要在历史发展过程中不断地被弘扬和培育，城市精神既要体现传承性，又要体现时代特征，而城市文化必然成为弘扬和培育该城市精神的重要内容。以沈阳为例，对这座历史悠久、多元文化融合、特色鲜明的城市而言，深入研究其城市文化的内涵、地域文化的特征等，既是弘扬和培育该城市精神实质的历史素材和现实养料，又是探究该城市传统文化与城市精神内在继承性和时代性规律与轨迹的关键环节。要传承和发展一座城市的精神，实现培育、再造、展现和引领时代潮流的城市精神，城市文化的深入研究既是切入点，也是出发点。

城市文化的形成与发展，不仅丰富了其内涵，还对城市的经济发展、社会进步、社会和谐以及居民的生活质量产生了积极且深远的影响，推动了城市的建设与繁荣。城市文化具有重要的研究价值。深入研究城市文化，有助于了解城市的历史演变、文化传承与发展路径，为城市的规划、管理和发展提供依据和思路。同时，通过研究城市文化对城市品牌形象塑造的影响，可以制定相应策略来提升城市的知名度和声誉，吸引更多的人才、投资者和游客，我们应重视且积极推动城市文化发展，保护好城市文化，为城市的可持续发展做出积极贡献。

第四节 城市文化关联

城市文化与城市品牌形象的塑造有着密切的关联。城市文化是城市的独特标志，展示了城市的历史、传统、价值观和创造力。它可以通过城市历史、建筑、艺术、音乐、节日等多方面的表达，塑造城市的形象和个性。城市的品牌形象是人们对该城市的认知和印象，城市文化作为城市的核心元素之一，对于塑造城市品牌形象有着重要作用。一个充满活力、创新和多样性的城市文化能够为城市赢得更多的关注和吸引力。例如，某些城市以其深厚的历史文化资源而闻名，每年都会吸引大量的文化旅游者，从而塑造了城市的历史之都品牌形象。如某些城市以其丰富的艺术氛围而闻名，吸引了大量的艺术家、文化创意产业和文化旅游者，从而塑造了城市的艺术之都品牌形象。因此，城市文化是城市品牌形象的重要组成部分，是城市品牌形象塑造的重要元素之一，能够恰如其分地体现出城市的特点，促进独具特色的城市品牌形象的形成。

一、城市文化与城市品牌形象的文化关联

城市文化与城市品牌形象之间存在着紧密的文化关联。城市文化作为城市长期积淀形成的独特气质，是城市品牌形象的重要组成部分。

1. 城市文化是塑造城市品牌形象的基础

城市文化能够反映出城市的历史背景、传统习俗等文化特点，凝聚着城市居民的认同感和归属感。一个城市独特的文化元素可以通过宣传推广，成为城市的品牌特色。例如，北京以其悠久的历史背景和浓厚的文化氛围而成为世界著名的旅游目的地，这正是其独特的城市文化形象所带来的。

2. 城市文化对于城市品牌形象的塑造具有影响力

城市文化中的艺术、音乐、文学等元素，以及城市的节日庆典和文化活动，都能够吸引游客和居民的关注，传递出城市的魅力和活力。通过打造独特的城市文化体验，可以树立起城市独具特色的品牌形象，并在市场竞争中更具竞争力，使其脱颖而出。

3. 城市文化还能够为城市品牌形象提供丰富的内容和故事

城市文化中的历史传统、地域特色以及创新发展等方面的元素，都可以成为城市品牌宣传和营销的重要素材。通过讲述城市文化背后的故事，城市品牌形象可以得到更深入的认知和理解，增加其独特性和吸引力。

4. 城市文化的保护和传承对于城市品牌形象的可持续发展至关重要

城市作为一个文化载体，需要重视并保护自身独特的文化遗产和传统，

以确保城市品牌形象的连续性和稳定性。同时，通过积极培育和发展城市文化，使其与时代紧密结合，不断创新和更新，有助于城市品牌形象的持续发展和进步。

总而言之，城市文化与城市品牌形象之间存在着深厚的文化关联。通过准确把握城市文化的特点和价值，将其融入城市品牌形象的塑造中，可为城市带来更高的知名度、声誉和吸引力，推动城市的可持续发展。

二、城市文化与城市品牌形象的象征关联

城市文化与城市品牌形象之间存在着象征性的关联。城市文化作为城市特色和个性的重要体现，被视为城市品牌形象的象征。

1. 城市文化通过象征性的符号和象征性的事物来传达城市的独特魅力和形象

这些符号可以是城市的标志性建筑、雕塑、艺术品等。例如，天安门成为北京的标志，象征着中国的历史和文化底蕴，体现出北京文化古城独特的城市形象。城市的象征物成为城市品牌形象的重要元素，通过其独特的外观和意义，将城市的特色和形象深入人心。

2. 城市文化中的传统节日和庆典也具有象征性的意义

这些节日和庆典是城市文化的重要组成部分，代表着城市的历史传承和社会价值观。例如，春节在中国代表着新年的开始和团圆的意义，成为中国城市品牌形象中不可或缺的一部分。这些传统节日和庆典通过独特的象征性含义，传递出城市的文化特色和品牌形象。

3. 城市文化中的艺术表演和文化活动也承载着象征性的意义

音乐、舞蹈、戏剧等艺术形式在城市文化中扮演着重要角色，通过其独特的艺术语言和表达方式，传递出城市的情感和情调。这些艺术表演和文化活动成为城市品牌形象的象征，代表着城市的文化创造力和艺术氛围。

4. 城市文化的象征关联还体现在城市居民的认同和归属感上

城市作为一个社会集体，需要有共同的文化价值观和身份认同。城市文化的象征性元素可以让城市居民感到自豪和归属，增强他们对城市品牌形象的认同和支持。这种象征性的认同感将促进城市品牌形象的建立和推广。

总而言之，城市文化与城市品牌形象之间存在着象征关联。通过城市文化中的符号和象征物、传统节日和庆典、艺术表演和文化活动，以及居民的认同感和归属感，城市文化成为城市品牌形象的象征，传达着城市的独特魅力和形象。这种象征性的关联使得城市品牌形象更加丰富、生动，并能深入人心。

三、城市文化与城市品牌形象的经济关联

城市文化与城市品牌形象之间存在着密切的经济关联。城市文化作为一种独特的资源和资产，对于城市的经济发展和品牌塑造起着重要的推动作用。

1. 城市文化可以成为吸引投资和促进城市文化与旅游产业发展的重要因素

如果一座城市拥有独特而丰富的文化，包括历史遗迹、传统艺术、民

俗风情等，它就能够吸引更多的投资者和游客前来探索体验。同时，多姿多彩的城市文化活动、艺术表演等也都成为带动旅游业发展的重要组成部分。例如，北京、上海成为吸引国内外游客的重要景点，为城市带来了可观的经济收益。同时，城市的独特文化也能够吸引外来投资者的目光，促进经济的发展和城市的繁荣。

2. 城市文化能够成为创意产业和文化产业的重要支撑

创意产业包括设计、影视制作、动漫游戏等，而文化产业则包括艺术表演、文化遗产保护、文化旅游等。通过发展这些产业，城市可以利用自身的文化资源，培育新的经济增长点。例如，电影业、网络直播等成为目前中国经济的重要组成部分，为城市创造了大量的就业机会和经济价值。

3. 城市文化还可以提升城市的品牌价值和国际竞争力

一个拥有丰富文化内涵和特色的城市，往往更容易在国际舞台上获得关注和认可。例如，上海作为中国最大的城市之一，具备了成为全球经济中心的许多重要因素。上海地理位置优越，位于中国东部沿海，是亚洲及世界各地之间的重要交通枢纽，这使得上海成为国际贸易和物流的重要节点。这种品牌形象的建立吸引了大量的跨国公司和投资者，提升了上海的国际地位和声誉。

总而言之，城市文化与城市品牌形象之间的经济关联是相辅相成的。通过充分利用城市的文化资源，发展旅游业、创意产业和文化产业，城市可以实现经济增长和城市品牌形象的提升。这种关联不仅带来了经济效益，也推动了城市的可持续发展和国际竞争力的提升。

第二章 城市文化体系

城市文化体系是一个城市所特有的文化风貌与精神面貌的总和，它反映了一座城市所具有的历史、地理、民俗、艺术等多方面的特色和特点。城市文化体系包括城市的传统文化、现代文化以及形成和发展这些文化的各种因素。在一个城市的文化体系中，传统文化和现代文化相互交织，相互融合，形成了丰富多样的城市文化景观。

传统文化是城市文化体系的文化根基所在。每个城市都有自己独特的历史背景和发展轨迹，这些因素塑造了城市的传统文化。传统文化包括城市的历史遗迹、古老建筑、传统节日以及民俗习惯等。例如，在历史悠久的城市中，人们可以欣赏到古老建筑的壮丽和历史的沉淀，参与传统节日的庆祝活动，感受到传统民俗的独特魅力。它承载着城市历史和地域特色，通过一系列的艺术、建筑、音乐、舞蹈、风俗等表达形式，传递着城市的独特文化精神和价值观念。

在现代社会中，城市日益发展，科技进步与国际交流日益增多，但传统文化仍然具有不可替代的重要性。首先，传统文化是城市历史的见证。每座城市都有独特的历史背景和发展轨迹，传统文化是历史的重要组成部分，传统文化可以使我们了解到一座城市的过去，从而更好地理解和欣赏城市的现状。其次，传统文化是城市地域特色的体现。每个城市都有自己独特的地理环境、气候条件和民族文化，这些因素共同塑造了城市的特色。传统文化通过表达和传承地方风土人情、民间故事和民俗活动，使城市更具吸引力和魅力。此外，传统文化还是城市文化多样性的重要组成部分。全球化进程使城市成为国际交流和文化融合的重要场所。传统文化作为一种独特的文化形式，可以通过各种方式与其他地域和民族文化进行对话和交流，促进不同文化之间的相互理解和互相尊重。

因此，传统文化不仅是城市文化体系的重要组成部分，而且具有非常重要的社会意义。保护、传承和发展传统文化，既是对城市历史和地域特色的尊重，也是促进城市文化多样性和国际交流的重要途径。只有在传统文化的基础上建立起现代城市文化，我们才能更好地传承城市文化，发扬城市独特的文化魅力。

现代文化是城市文化体系的文化发展之源。随着社会的不断进步和发展，城市的现代文化也在不断演变。现代文化以科技、艺术、媒体、流行文化等为主要表现形式，能够体现出城市居民的价值观，反映出城市居民的生活方式。例如，在现代城市生活中，人们可以通过参观当代艺术展览、欣赏音乐会、观看电影等形式，体验到现代文化的多样性和创新性。

随着社会的发展和进步，城市化进程的不断加快，现代文化在城市中扮演着重要角色。首先，现代文化反映了城市人群的生活方式和价值观念。城市是多元文化的集聚地，不同背景和身份的人们在城市中相互交流、融合，形成了独特的生活方式和价值观念。现代文化通过电影、音乐、时尚等媒介，表达了城市人对自由、个性、多样性的追求，展现了城市的活力和创造力。其次，现代文化推动了城市经济的发展。城市作为经济中心，吸引了大量的人才和资源。现代文化产业包括娱乐、艺术、设计等领域，不仅提供了就业机会，还促进了城市经济的增长和创新。例如，电影产业的发展带动了相关产业链的兴起，建立了电影院、剧院等文化设施，使城市成为文化创意产业的核心。此外，现代文化也是城市形象的重要组成部分。每个城市都有自己独特的文化氛围和形象，这些通过现代文化的表达得以展现。比如，某些城市以音乐节、艺术展等文化活动为特色，吸引了大量游客和投资；而一些城市则以时尚、创意产业等为标志，成为全球的潮流中心。

因此，现代文化在城市文化体系中扮演着重要角色。它不仅反映了城市人们的生活方式和价值观念，推动了城市经济的发展和社会的进步，还塑造了城市的品牌形象，增强了城市的吸引力。城市应该积极培育和保护现代文化，提供更多的文化设施和机会，让城市文化变得更加丰富多样，为居民和游客提供更好的文化体验。

总而言之，形成和发展城市文化体系的因素非常复杂。政治、经济、社会等方面的变化都会对城市文化产生影响。政府的文化政策、城市规划以及市民的文化参与等也是推动城市文化发展的重要因素。此外，全球化的趋势使得不同文化之间的交流和融合更加频繁，各种不同文化背景的人在城市中相互交流和互动，进一步丰富了城市文化的内涵，也成为城市的重要软实力。

第一节 城市精神与城市形象

城市精神是指一座城市所体现出来的独特氛围、价值观和意识形态。它是由城市的历史、文化、社会结构以及居民的思想观念等多种因素塑造而成的。城市精神与城市品牌之间存在着密切的联系，将城市精神贯穿到城市品牌的打造中，可以赋予城市品牌更多的内涵和意义，加强人们对城市的认知和认同，提升城市的影响力和竞争力。

一、城市精神

城市精神是指一座城市所特有的文化、价值观和共同体意识。它能够体现出城市居民对城市的归属感和自豪感，它是城市在历史、文化和社会发展中独特的精神特质。城市精神是一座城市所独有的特质和文化，它包括城市居民的价值观、社会互动和集体认同。这种精神是城市的灵魂和核心，塑造了城市的身份和形象。城市精神不仅涉及城市的建筑风格和城市规划，还包括了城市居民的生活方式、文化活动和社交习惯等。一个具有独特城市精神的城市往往能够吸引人们的目光，具备更好的文化产业与旅游产业开发基础，成为旅游目的地或居住地的首选。

城市精神在推动城市发展中起着重要作用。它可以激发居民的归属感和自豪感，促进社会凝聚力和团结意识的形成。这种精神让人们对自己所居住的城市产生情感认同，使得他们更愿意为城市的繁荣与发展做出贡献。当居民对自己所居住的城市有强烈的归属感和自豪感时，他们会更加积极地参与城市建设和社区活动。他们可能会主动参与公益事业、社区组织或志愿者活动，为城市的发展贡献自己的力量。同时，这种归属感也会激励他们更加爱护城市环境，保持城市的整洁和美观。城市精神的形成能够促进社会凝聚力和团结意识的形成。当居民共同分享一种城市精神时，他们会感到与其他居民有着共同的目标和价值观。这将加强社区间的联系和互动，促进居民之间的合作与交流。在面对挑战和困难时，人们能够团结一致，共同努力克服困难，推动城市的发展。城市精神对于城市形象的塑造和城市文化的传承也起着关键性的作用。每座城市都有其独特的魅力和特色，这些特点构成了城市的个性和形象。城市精神能够体现在城市的建筑风格、艺术表现、文化活动等方面，为城市赋予独特的文化内涵和魅力。通过传承和弘扬城市精神，城市能够保持自己的独特性，吸引更多的人前来探索和体验。因此，城市精神不仅能够激发居民的归属感和自豪感，促进社会凝聚力和团结意识的形成，还对城市形象的塑造和城市文化的传承起着关键性的作用。只有通过培育和弘扬城市精神，我们才能够推动城市的可持续发展，创造一个更加繁荣和宜居的城市环境。城市精神是由其居民所持有的价值观念和信仰所决定的。这些价值观会指导人们在城市中的行为和决策，同时也会被城市的发展和环境所影响和塑造。

对可持续发展来说，城市精神也具有重要意义。一个具有积极向上的城市精神的城市往往会注重环境保护、资源利用和社会公平，努力实现经济、环境和社会的平衡发展。具备积极向上的城市精神的城市通常会将环境保护放在优先位置。他们会采取措施减少环境污染，推动可再生能源的使用，致力于建设低碳和可持续的城市基础设施。这样的城市还会鼓励居民采取减少交通拥堵和空气污染的可持续出行方式，如步行、自行车或公共交通工具等。具有积极城市精神的城市也注重资源的有效利用。他们提倡循环经济，促进废物回收和资源再利用，减少浪费。这包括鼓励居民采取节约用水、节约能源的生活方式，并支持可持续农业和食品供应链。具备积极城市精神的城市还关注社会公平和包容性发展，积极关注并努力提供公共服务，保障并满足居民的基本生活需求，关注城市中弱势群体的福祉。这样的城市致力于缩小社会经济差距，提供平等的教育、就业和医疗机会，以确保每个居民都能享受到城市的发展成果。通过倡导城市精神，城市可以鼓励居民参与到可持续发展的实践中。他们可以组织宣传活动，加强居民对可持续发展的意识和认知，促使更多人参与到环境保护和资源节约的行动中。这种参与不仅可以改变居民的生活方式，还可以推动政府和商业界采取积极的可持续发展措施。因此，城市精神在推动可持续发展方面发挥着重要作用。一个具有积极向上的城市精神的城市能够注重环境保护、资源利用和社会公平，努力实现经济、环境和社会的平衡发展。通过倡导城市精神，城市能够鼓励居民参与到可持续发展的实践中，促进环境保护和资源节约的行动。这将为城市的可持续发展打下坚实的基础，创造出更加繁荣、健康和可持续的未来。

总之，城市精神不仅是城市所独有的特质、文化和象征，也是推动城市可持续发展的重要力量。通过弘扬城市精神，我们可以为城市创造一个更美好、更宜居的未来。

二、城市形象

城市形象是指城市在公众心目中建立起来的独特形象与认知。这种认知是通过城市的文化、特色、历史、地理位置、发展规划等多方面传递出来的。它能够反映出城市的精神、文化、地域特色、价值观及发展方向，以及城市在经济、旅游、教育、创新等领域的竞争力和吸引力。

成功的城市形象可以为城市带来很多益处。首先，能够提升城市的吸引力与竞争力。一个具有鲜明形象的城市能够吸引更多的游客、投资和人才。通过打造独特的形象，城市可以在竞争激烈的旅游、经济和人才吸引领域中脱颖而出。其次，能够促进城市的经济增长。一个强大的城市形象可以为城市带来经济增长。当城市形象积极向外界传达其优势、机会和资源时，会吸引更多的商业投资、企业设立总部以及创造就业机会。最后，能够提升城市的凝聚力。城市形象能够加强城市居民对城市的认同感和归属感，增强城市的凝聚力，促进社会的和谐。当居民对城市感到自豪和满意时，他们更愿意积极参与社会活动、推广城市形象，促进城市的发展。

要建立一个成功的城市形象，应从多方面进行考虑。比如，准确把握城市的独特性和差异化，城市形象需要突出城市的独特性和与众不同之处。可以通过发掘城市的历史、文化、自然景观等方面进行塑造，打造一个独具特色的城市形象。深入挖掘品牌故事，一个好的城市品牌形象需要有一个引人入胜的品牌故事。这个故事可以体现城市的核心价值观、创新能力、社会责任等方面，让公众能够更好地理解和认同城市的特点和优势等。城市形象的打造是一个综合性的过程，需要全方位系统性地考虑。

1. 采取定位策略

确定城市的核心定位和目标受众。这包括分析城市的优势、特色和竞争优势，找到城市在人们心目中的独特位置，并确保该定位与城市的实际情况一致。

2. 讲述品牌故事

通过讲述一个引人入胜的品牌故事来塑造城市形象。这个故事可以包括城市的历史、文化、地理特点、创新能力等方面的元素，以及城市所提供的独特体验和机会。

3. 设计可视化标识

设计一个具有辨识度和独特性的可视化标识，如城市的 LOGO、标志性建筑物、景点等。这些标识可以帮助人们轻松地与城市品牌形象建立联系，并在各种媒体渠道上进行一致的运用。

4. 进行市场推广

通过积极的市场推广活动，向目标受众传播城市品牌形象。这可以包括在线和离线广告、社交媒体营销、参展活动等，以扩大城市的知名度和影响力。

5. 提供品牌体验

提供独特而优质的城市体验，让人们对城市的印象更加深刻和正面。这可以包括城市的文化活动、节日庆典、景点游览、美食体验等，为人们留下难忘的记忆。

6. 持续发展和更新

城市品牌形象需要持续发展和更新，以适应时代的变化和市场需求的变化。定期评估市场反馈和目标受众的需求，对品牌形象进行调整和优化，确保它与城市的实际发展相符合。

总之，具有影响力、吸引力和竞争力的城市形象需要通过以上策略矩阵式全方位打造。与此同时，居民的参与和支持也是城市形象成功塑造的重要因素，居民的认同感和自豪感将进一步增强城市品牌形象的影响力。这需要持续投入和努力，同时紧密与城市居民、企业和社区合作。通过有效的品牌营销和传播，城市可以树立起独特而有吸引力的品牌形象，吸引更多的投资、游客和人才，并促进城市的可持续发展。这将有助于吸引更多的投资、游客和人才，推动城市的经济发展和社会进步。

三、依托城市精神打造城市品牌形象

将城市精神贯穿城市品牌打造中，能够将一个城市的核心价值观、文化特色和社会意识等融入其中。通过几个关键步骤，就能够将独特的城市精神在城市品牌形象建设中得以体现。

1. 理解城市精神

依托城市精神打造城市品牌形象需要深入了解和理解城市精神。这包括城市的历史、文化、价值观以及居民的态度和行为方式。通过了解城市精神，可以找到城市的核心特点和独特之处。城市历史是城市精神的基石之一。了解城市的起源、发展过程和重大事件，可以帮助我们理解城市的原始动力和塑造城市精神的因素。例如，某个城市可能是一个古老的港口城市，其精神可能与海洋交流、商业繁荣和跨文化交流有关。此外，城市的文化也是城市精神的重要组成部分。每个城市都有自己独特的文化背景

和表达方式，包括艺术、音乐、食物、建筑等。了解并欣赏城市文化，可以更好地理解城市精神。举例来说，苏州以其优美的园林艺术氛围和精致的古建筑而闻名，这种独特的艺术氛围贯穿于城市的街道、巷弄和人们的生活中，成为苏州城市精神的重要方面。同时，价值观也是城市精神的核心。每个城市都有一套共同的价值观和行为准则，这些价值观反映了居民对生活的态度和理念。例如，某些城市非常注重环境保护和可持续发展，这将体现在城市的规划、政策和居民的行动中。了解城市的价值观可以帮助人们更好地融入城市生活，并与城市精神保持一致。

人们的态度和行为方式也是城市精神的体现。不同的城市可能会有不同的居民文化和行为特点。例如，某些城市的居民可能以友善、包容和乐于助人而闻名，这种态度和行为方式能在城市的公共空间、社区和日常互动中得到体现。通过与居民互动和观察他们的行为，我们可以更好地理解并融入城市精神。总之，要想真正理解城市精神，需要从多个角度来考虑。通过深入了解城市的历史、文化、价值观和居民的态度和行为方式，我们可以找到城市的核心特点和独特之处，进而更好地融入和享受城市生活。

2. 定义核心价值观

在理解城市精神的基础上，需要确定城市的核心价值观。这些价值观是城市对特定价值的承诺和追求，体现了城市所代表的特定精神和价值观。核心价值观成为城市品牌形象的基石，也是引领城市发展的指导原则。一个城市的核心价值观应包括对城市可持续发展的规划、创新创业方面的政策鼓励、多元文化的交流融合等多个方面。举例来说，城市可持续发展规划是城市对环境保护和资源管理的承诺，以及对未来城市居民世代生存发展的责任意识。这意味着城市将致力于推动可持续发展的政策和实践，通过节能减排、推广可再生能源等方式减少对环境的负面影响，并提供宜居的生活环境。城市应鼓励创新和创业精神，为企业家和创业者提供良好的环境和支持，投入资源和力量，促进经济增长和社会发展。多元文化的交流融合主要指城市应具备良好的包容性，尊重并欢迎不同文化背景的人群，倡导平等和包容，促进多元文化的融合和交流，鼓励人们彼此理解与尊重，创造一个充满活力和多样性的社会氛围。通过多方面建立、明确城市的核心价值观，能够促进城市建立起一个独特的品牌形象，吸引人才和投资，进而推动城市的可持续发展和繁荣。这些核心价值观也将指导城市的决策和行动，确保城市以其独特的精神和价值观走在前沿，成为一个具有活力和吸引力的地方。

3. 创作品牌故事

运用城市精神来创作引人入胜的品牌故事。城市故事应能够传达城市的独特性、活力和潜力，通过讲述城市故事，可以使人们更好地理解和认同城市精神。在一个充满活力和创造力的城市中，可以通过讲述城市故事，唤起人们的想象力，激发他们参与城市建设的热情，进而推动城市的创新和变革。创作品牌故事可以从城市的根源开始，通过历史长河展现城市的演变、成长与发展。举例来说，深圳正是一个从小渔村发展成国际大都市的生动案例。深圳起初只是一个位于广东省南部沿海的小渔村，人口稀少，经济相对落后。然而，在改革开放政策的推动下，深圳开始迅速崛起，20世纪80年代初，深圳被确定为经济特区，一系列的政策、资金和技术支持，使深圳的高科技产业、制造业和服务业快速发展,吸引了大量的企业和人才,成为我国最重要的出口加工基地之一,其制造业成为推动城市经济增长的重要引擎,深圳的经济发展和科技创新逐渐取得了显著成就。通过创作城市故事,将深圳蜕变的过程生动地展现在世人面前,向大众传递了深圳这座城市独特的精神魅力,让人们更好地理解和认同这座城市的进步和发展。

4. 建立共同体感

发扬城市精神,形成共同体感,鼓励各级部门、各界人士都参与到城市品牌形象建设中来。可以通过举办文体活动、艺术展演、节庆活动、志愿者项目等多种方式来实现。参与活动是增强大众对城市认同感和归属感的一个重要途径,活动不仅能给人们带来乐趣,还能加强他们与城市的联系,激发城市归属感。通过文艺演出、文化展览、体育比赛等活动,能使人们在轻松愉快的氛围中相互交流、了解彼此,共同感受城市的发展和成就。另外,节庆活动也能够成为营造共同体感的有效途径。举办传统节日庆典、文化展览和艺术活动,将城市的独特文化和历史传承展现给大众,让人们感受到城市的文化底蕴和多元特色,不仅能够激发人们对城市的热爱,还能够培养对城市文化的认同感,进一步加强共同体感。此外,志愿者项目也是建立共同体感的重要方式之一。通过组织志愿者活动,鼓励人们为城市的发展贡献自己的力量,这种参与感将使人们更加投入,并增强他们对城市的认同感。同时,志愿者项目还有助于促进合作和相互支持,形成一个更加团结和谐的社会环境。要通过多种方式在建设品牌形象的过程中增强居民的归属感和认同感,使城市的品牌形象更加深入人心,引导人们真正参与到城市发展中来,共同创造城市更加美好的未来。

5. 传播品牌形象

通过多种渠道和媒体传播城市品牌形象，主要包括在线广告、离线广告、社交媒体和参展活动等形式。要确保城市品牌形象的传播与城市精神保持一致，能够有效地引起公众的共鸣。城市可以通过在线广告来传播品牌形象。通过在各大网站和应用程序上投放广告等相识，将城市的特色和优势展示给更多的人群。这些广告可以包括城市的地标建筑、文化景点、美食特色等，以吸引游客和投资者的关注。同时，城市还可以通过搜索引擎优化等手段，提高自己在搜索结果中的排名，增加曝光率。城市也可以利用离线广告来传播品牌形象。比如，在电视、报纸、杂志等传统媒体上发布广告，在公共交通工具、社区公告栏等处张贴海报等，用图片和文字生动地展示城市魅力，让更多的人了解城市的特色和优势。

此外，社交媒体也是传播品牌形象的重要渠道之一。通过在微博、微信等平台上发布有关城市的宣传内容，如照片、视频、故事等，可以吸引更多人的关注和互动。还可以通过网红、旅行达人等的影响力将城市的品牌形象传播出去。参展活动也是一个有效的品牌传播方式。可以通过举办国内外的展览会、旅游交流会等活动，向来自不同地区的人们展示城市自身的特色和优势。通过与其他城市进行对比和交流，来增强城市品牌形象的竞争力。通过多种渠道和媒体传播城市的品牌形象是非常重要的，城市应该确保品牌形象的传播与城市精神保持一致，并能够有效地引起公众的共鸣，从而吸引更多关注和支持。

总之，依托城市精神打造城市品牌形象，能够帮助城市树立独特而有吸引力的形象。这需要深入挖掘城市的核心价值观和文化特征，并将其融入城市规划、活动和标识中。同时，还应保护历史遗产、鼓励创新，并加强居民参与，这些都是打造城市品牌的重要元素。通过准确定义核心价值观、构建品牌故事、建立共同体感以及有效传播品牌形象，城市能够更好地向外界传达其精神、文化和特色。这将有助于吸引投资、游客和人才，促进经济发展，提升居民对城市的认同感和自豪感，进而推动城市的发展和进步。

第二节 历史遗产与文旅产业

城市的历史文化遗产由物质文化遗产和非物质文化遗产共同构成，这些遗产不仅见证了城市的发展演变，也承载着城市居民的集体记忆和身份认同。城市历史文化遗产是城市文化与旅游产业的重要组成部分，对文旅产业有着重要影响，是发展文旅产业的宝贵资源。在文旅产业不断发展的过程中，充分利用和保护城市的历史文化遗产，不仅能够吸引世界各地的游客和访客，还能够促进文化的传承与创新，推动城市的可持续发展。

一、城市的历史文化遗产

城市的历史文化遗产包括物质文化遗产和非物质文化遗产。物质文化遗产是指城市中具有历史、文化和艺术价值的实体建筑、文物和遗址等。这些遗产可以是古代建筑、宫殿、庙宇、城墙等具有代表性的建筑物，也可以是历史街区、古老的市场、运河和桥梁等具有特殊意义的地方。这些建筑和景点往往见证了城市的演变和发展，是城市文化传承的重要载体和组成部分。非物质文化遗产是指城市中的口头传统、表演艺术、节日庆典、手工艺技艺等无形的文化资源。例如，当地特色的民俗活动、传统音乐舞蹈、手工艺品制作技艺等都属于非物质文化遗产。这些非物质文化遗产不仅代表了城市独特的文化传统，还能够为文旅产业提供丰富多样的体验和互动。

将物质文化遗产和非物质文化遗产结合起来，可以形成一个更完整和综合的历史遗产体系。通过保护和传承物质文化遗产，可以使人们亲身感受到历史的厚重和城市文化的魅力；而通过活化利用非物质文化遗产，不仅可以达到传承非物质文化遗产的目的，还能够在文旅产业发展中发挥重要作用，为游客和访客提供更丰富多样的文化体验。在城市建设发展过程中，物质文化遗产和非物质文化遗产作为重要的城市文化资源十分宝贵，因此，对其进行保护、传承和开发也尤为重要。政府应不断加强并完善对历史文化遗产的管理和保护，同时，还应注重非物质文化遗产的维护和传承。企业和社会组织也应积极参与，通过创新的经营方式和策划丰富多样的文化活动，将历史文化遗产转化为具有商业价值的旅游产品和文化体验，从而推动城市文化与旅游产业的繁荣和城市的可持续发展。

城市的历史文化遗产是城市精神的重要组成部分，它们承载着城市的历史、文化和身份。城市的历史文化遗产是对过去时代的珍贵记忆和见证。通过保存和维护历史文化遗产，可以让后代了解城市的起源、发展和变迁。这些历史文化遗产不仅是城市文化的瑰宝，也是城市居民认同感和归属感的象征。它们使居民与自己所在的城市建立起深厚的情感联系，并激发对城市的热爱和保护。历史文化遗产作为城市宝贵的文化资源，展示了城市的独特个性与文化。比如，每一个历史建筑物或古迹都有其独特的故事，它们见证了城市的兴衰、战争与和平、困顿与繁荣。对城市居民来说，这些历史文化遗产代表着城市的根基，见证了城市过往的辉煌，激励他们为城市的未来建设与发展不断努力。

城市的历史文化遗产除了具有重要的纪念性价值，还扮演着促进文化交流和旅游产业发展的重要角色。比如，作为国际知名的旅游城市，其历史文化遗产必然有着独特的历史意义和艺术文化价值，从而吸引世界各地的游客接踵而至。游客可以通过参观历史建筑、遗址和博物馆，领略城市独特的魅力，并了解当地的历史与文化。这种文化交流不仅增进了人们对其他国家和文化的理解，也为城市带来了经济收益和就业机会。

不仅如此，城市的历史文化遗产还具有重要的教育与研究价值。学者可以通过研究历史建筑物和遗址，深入探索城市的过去，揭示出其中隐藏的历史信息和文化内涵。这些研究成果能够为学术界提供重要的参考资料，同时为城市规划和保护提供宝贵的指导。将历史文化遗产纳入学校课程和公益教育活动中，可以让年轻一代更好地了解自己所在城市的历史和文化，培养他们对历史文化遗产的认同和尊重。

二、城市的文化与旅游产业

城市的文化与旅游产业在全球范围内都扮演着重要的角色。随着城市化进程的加快，城市也吸引越来越多的游客前来体验当地的文化。城市的文化与旅游产业相互促进，为城市经济的发展提供了巨大的机遇。

城市文化是吸引游客的重要因素之一。每个城市都有独特的历史、艺术和传统，这些文化元素成为吸引游客的魅力所在。例如，有些城市以其丰富的历史遗迹和建筑而闻名，而有些城市则以其博物馆、画廊和剧院等文化机构吸引游客。这些文化景观不仅让人们对城市的过去有更深入的了解，还为他们提供了独特的旅游体验。

文化与旅游产业对城市经济的发展也起到了重要的推动作用。随着越来越多的游客涌入城市，旅游相关的行业也得到了极大的发展。酒店、餐饮、零售和交通等服务业都与旅游紧密相连，为城市创造了大量的就业机会和经济收入。此外，旅游也促进了城市基础设施的改善和发展。例如，修复历史建筑、建造新的旅游景点等，这些都有助于提升城市的形象和吸引力。不仅如此，城市的文化与旅游产业也给城市居民的生活质量带来了积极影响。文旅产业的繁荣为当地居民提供了更多的娱乐和休闲选择。他们可以通过参加各种文化艺术活动、观看文艺演出、品尝当地美食等形式，丰富日常生活内容，提升生活品质。同时，文化与旅游产业的发展也能够激发当地居民对所在城市的认同感和自豪感，增强城市的社会凝聚力。

因此，城市文化与旅游产业的发展，推动了城市的发展，通过提供独特的文化体验、创造经济机会和提高生活质量，它们已经成为城市不可或缺的组成部分，为城市的可持续发展做出了重要贡献。

三、利用历史遗产推动城市文化与旅游产业发展

历史文化遗产能够体现出一座城市独特的传统与文化，充分利用城市历史文化遗产推动城市文化与旅游产业发展，具有非常重要的意义与价值。

首先，历史文化遗产作为城市的文化资本，能够吸引游客和访客前来观光和体验。这些历史建筑和景点往往承载着丰富的历史故事和文化内涵，

给人们带来了解和体验城市历史的机会。其次，历史文化遗产也为城市的文旅产业提供了资源基础。通过将历史遗产与旅游、餐饮、购物等相关产业结合起来，可以形成一个完整的文旅产业链。例如，在历史建筑周围开设文创产品店铺、传统手工艺品店或主题餐厅等，不仅能够为旅游地增添特色，提供更好的宣传，还能够满足游客的购物需求并为当地居民提供更多的就业机会。最后，历史遗产也促进了城市的文化传承与创新。通过对历史建筑的保护和修复，可以传承城市的文化遗产，并且能够为当地艺术家、设计师和文化机构提供展示和创作的平台。这样的活动不仅能够提升城市的文化软实力，还能够吸引更多的人关注和参与。

然而，要将历史文化遗产与文化与旅游产业相结合并推动城市的发展，需要政府、企业和社会各界的共同努力。政府应加强对历史遗产的保护和管理，同时提供相应的政策支持和经济激励，以吸引私人投资者和企业参与文旅产业的开发和运营。企业和社会组织也可以积极参与，通过合理规划和创新的经营方式，将历史文化遗产转化为具有商业价值的旅游景点和文化产品。总之，利用历史文化遗产推动城市文化与旅游产业发展，需要全面统筹、精心规划，多维度地制定相关策略。

1. 遗产保护与修复

首要任务是确保历史文化遗产的完整性和保护。投资必要的资源来修复和维护历史建筑、遗址和文物，以确保它们能够承载历史和文化的独特价值，并持久地传承下去。

2. 景观规划与设计

合理的景观规划和设计可以提升历史遗产的美感和吸引力。通过考虑周边环境、景观布局和交通流线等因素，营造出科学、合理、舒适、宜人的游览环境，为游客提供更好的旅游体验。

3. 文化教育与推广

加强对历史文化遗产的教育和推广工作，让更多的人了解、认识和欣赏历史遗产。举办讲座、展览、文化活动等形式，向公众普及历史知识，增强对文化遗产的尊重和保护意识。

4. 旅游产品开发

创新开发与历史文化遗产相关的旅游产品。开设主题导览、体验活动、文化展示等，为游客提供丰富多样的旅游体验。同时，结合现代科技手段，如虚拟现实和增强现实技术，使游客能够以全新的方式感受历史文化遗产。

5. 文创产品开发

通过开发文创产品的形式，为游客提供更加个性化和独特的旅游记忆。游客可以购买到与历史文化遗产相关的特色产品，作为纪念品或礼物带回家。这不仅能够作为传承历史文化的有效途径，激发游客对历史文化的兴趣，同时还能增加游客对旅游地的留念和忠诚度，使其成为一种别出心裁的宣传手段。

6. 建立合作与联盟

促进各部门之间、公私合作伙伴关系的建立与发展。通过政府、企业、学术机构和社区的合作，共同推动历史文化遗产的保护、管理和开发，形成联盟，共同分享资源和经验。

7. 营销宣传推广

加大对历史文化遗产的宣传力度，对宣传内容进行精心策划，通过各种渠道和媒体进行广泛宣传。包括使用社交媒体、旅游网站、旅游指南等，吸引更多的游客关注并来到目的地。

8. 专业人才培养

培养相关领域的专业人才，如文化遗产保护、历史研究、旅游管理等，确定培养目标，制定培养标准，形成培养方案。专业人才可以在保护、管理和开发方面提供专业意见和支持，进而推动城市文旅产业发展的可持续性。

以上策略，是实现利用城市历史文化遗产推动文旅产业发展的重要途径，在实施过程中，需要政府、企业和公众一起合作，共同致力于保护、传承和开发历史文化遗产，从而实现城市的可持续发展。

第三节 艺术文化与创意产业

一、城市的艺术文化

城市的艺术文化是指在城市环境中生长和繁荣的各种艺术形式和文化表达。它包括了视觉艺术、表演艺术、音乐、舞蹈、戏剧、电影等多个领域，以及相关的展览、演出、节庆等活动。

城市的艺术文化体现了城市的历史和传统。许多城市都有独特的历史和文化背景，这些背景反映在城市的建筑风格、街道布局、文化遗产等方面。通过艺术形式的表达，人们可以更好地理解和感受城市的历史和文化，从而增强对自己所属城市的归属感和认同感。城市的艺术文化为人们提供了丰富多样的文化体验与享受。在城市中，人们可以欣赏到来自不同国家和地区的各类艺术作品和表演，如美术馆的展览、音乐厅的音乐会、剧院的演出等。这些艺术形式不仅能够满足人们对美的追求，也能够激发人们的思考和情感，为城市居民提供丰富的文化生活。城市的艺术文化也有助于培养人们的创造力和想象力。在城市中，艺术家、设计师等创意从业者通过他们的作品和创作过程，激发了人们的创新思维和独立思考能力。例如，在城市中举办的艺术展览和设计大赛等活动，可以激发年轻人的艺术潜能，培养他们的专业知识和技能。城市的艺术文化还为城市的经济发展做出了重要贡献。艺术产业包括了艺术家、设计师、演员、音乐家等从业者，以及相关的创意产业和文化旅游业。这些产业不仅为城市创造了就业机会和经济收入，也提升了城市的竞争力和吸引力，吸引了更多的投资和人才。

因此，城市的艺术文化是城市发展中不可或缺的一部分。通过保护和传承历史文化遗产，支持和促进艺术教育，举办各类文化活动和展览，城市可以培育和推动艺术文化的发展，为居民提供更多的文化体验与享受，同时也为城市的经济繁荣和人民幸福做出了贡献。

二、城市的创意产业

城市的创意产业是以文化创意和创新为核心的产业，涉及城市中的创意、设计、媒体、艺术、时尚等领域的经济活动。这些不仅包括了创意从业者，如艺术家、设计师等创意人才，还包括与创意相关的各种企业和组织，如广告公司、文化机构、创意工作室等。

　　城市创意产业融合了艺术、设计、科技和商业等多个领域的知识和技能，为城市经济发展注入了新的动力。它有着多元性、创新性、融合性、互动性、高附加值等特点。其多元性特点主要表现为城市创意产业涵盖了各种不同类型的艺术形式和创意媒介，如音乐、电影、时装、设计、舞蹈等。这种多元性使得城市创意产业具有丰富的表现形式和风格，为人们提供了更多选择和体验。其创新性特点主要表现在城市创意产业是一个以创意为核心的行业。它鼓励创新思维和独特的创作方式，通过将不同元素融合在一起，创造出新颖、独特的作品。这种创新性不仅推动了产业的发展，也为城市带来了新的文化景观和经济增长点。其融合性特点主要体现在城市创意产业是一个跨学科、跨领域的产业。它借鉴了不同学科和领域的知识和经验，融合了不同文化和艺术元素，创造出更加丰富、多样的作品。这种融合性使得城市创意产业能够满足不同人群的需求，打破了传统艺术形式的界限。其互动性特点主要体现为城市创意产业强调与观众、用户之间的互动和参与。通过举办各种活动、展览和演出，城市创意产业为人们提供了参与和体验的机会，增强了人们对艺术和文化的兴趣和理解，推动了社会文化的交流和共享。其高附加值的特点可以理解为城市创意产业具有较高的附加值。它通过创造独特的艺术品和文化产品，为城市带来了经济收益和就业机会。同时，它也提升了城市的形象和吸引力，能够通过吸引更多的投资者和游客，促进城市的繁荣发展。总之，城市创意产业的多元性、创新性、融合性、互动性和高附加值等特点使它成为城市发展中重要的经济和文化领域，不仅为城市注入了新的活力和魅力，也为人们提供了更多的文化消费和享受的机会。

城市的创意产业还在城市的建设发展中发挥着重要作用。它能为城市注入独特的文化氛围，促进城市的文化发展与经济发展，丰富居民的生活体验。创意产业与城市文化密不可分，它通过独特的思维和创造力，提供新颖、有趣、独特的产品和服务，这些创新不仅能够满足消费者的需求，还能够推动其他行业的发展。创意产业能够传承和发展城市的本土文化，提升城市的文化形象和吸引力，并通过艺术、设计和创造力的表达，丰富城市的文化生活，带来文化交流与碰撞。同时，创意产业对城市的经济发展也起到了重要的推动作用。它促进了城市的经济增长，为城市带来了更多的就业机会，并激发其他产业的创新和竞争力。创意产业还为城市创造了品牌价值和知名度，吸引更多的投资和资源流入。创意产业也在城市更新和改造方面发挥了重要作用。通过艺术装置、建筑设计、城市规划等方式，创意产业可以为城市提供独特的空间和景观，并改善城市的环境质量和居住体验，创意产业还激发了城市居民的归属感和自豪感。

因此，城市政府应该积极支持和推动创意产业的发展，通过制定相关政策和规划，提供场地和资源的支持，培养专业人才，加强与其他城市或国际创意中心的合作与交流等措施，充分发挥创意产业的优势，推动城市的创新能力，通过创意产业促进城市的经济增长、文化繁荣和社会进步。

三、利用艺术文化推动城市创意产业发展

城市的艺术文化发展与创意产业之间存在着紧密的联系。艺术文化是创意产业的主要源泉和灵感来源。城市的丰富文化底蕴和多元的艺术表现

形式为创意产业提供了丰富的素材和创作灵感。艺术家和创意从业者通过对城市文化的观察、体验和表达，将其转化为独特的创意产品和服务。艺术文化能够激发城市居民的创造力和创新思维。城市的艺术活动和文化氛围为人们提供了参与和表达的机会，促进了他们的自我实现和个性发展。这种创造力和创新思维也反过来推动了创意产业的发展，推动了创意企业的创新和竞争力。城市的艺术文化发展不仅具有文化价值，还有巨大的经济价值。通过创作和销售独特的艺术品、文化产品和创意服务，创意产业为城市带来了经济收入和就业机会，创意产业成为城市经济增长的重要引擎。同时，它还促进了相关产业的发展，如设计、媒体、旅游等，形成了良性循环的产业链。艺术文化还是城市形象塑造和文化推广的重要组成部分。通过举办艺术展览、文化节日、演出等活动，城市能够吸引更多的受众，提升城市的知名度和吸引力。同时，艺术作品和文化产品也可以通过媒体、网络等渠道进行传播，扩大影响力，推动创意产业的发展和国际交流。总之，城市的艺术文化发展与创意产业密不可分。艺术文化为创意产业提供了灵感和创新动力，创意产业则在城市经济和社会发展中发挥着重要作用。因此，城市应该注重艺术文化的培育和发展，为创意产业的繁荣创造良好的环境和条件。

利用艺术文化推动城市创意产业发展需要综合考虑，深层次、多角度地制定相关策略。

1. 建设艺术文化基础设施

城市可以投资建设艺术剧院、画廊、创意园区等艺术文化基础设施，为艺术家和创意从业者提供展示、创作和交流的场所。这将吸引更多的艺术家和创意人才来到城市，并促进创意产业的发展。

2. 举办文化活动与赛事

城市可以举办各种文化活动和赛事以及艺术展览和比赛，如音乐节、电影节、时装周等。这些活动不仅能够吸引大量游客和观众，还能够为艺术家和创意从业者提供展示作品和拓展合作的机会。

3. 支持艺术教育与培训

城市可以加大对艺术教育与培训的支持力度，培养更多具有专业知识和技能的艺术人才。通过建立艺术学院、职业培训机构等，提供优质的艺术教育和培训资源，培养出更多具有创意和实践能力的人才，为创意产业提供源源不断的人力支持。

4. 搭建创意产业平台

城市可以搭建创意产业平台和网络，以促进艺术家、设计师和创意从业者之间的合作与交流。这些平台可以包括线上社交媒体、线下创意园区、创客空间等，为他们提供展示作品、分享经验和寻找合作伙伴的机会。

5. 加强政策支持与资金投入

城市政府可以制定相关政策，为创意产业提供支持和资金保障，如减税优惠、创意产业基金等。同时，也可以鼓励企业、投资者和社会各界参与到创意产业中，共同推动其发展。

6. 引入国际艺术文化资源

城市可以积极引进国际艺术文化资源，如举办国际艺术展览、邀请国际艺术家来访等，通过与国际接轨，扩大与外部市场的合作与交流，为城市创意产业带来更多机遇和影响力。

总之，利用艺术文化推动城市创意产业发展需要综合运用多种策略。通过建设基础设施、举办活动、支持教育与培训、搭建平台与网络、加强政策支持和引入国际资源等手段，城市可以为艺术家和创意从业者提供更好的创作环境和发展机会，进而推动城市创意产业的蓬勃发展。

第四节 多元文化与城市IP

一、城市的多元文化

城市的多元文化是指在一座城市中存在着来自不同地区、国家或民族的群体，他们拥有不同的文化背景、价值观、生活习惯和生活方式。这些不同的群体展现出各自独特的文化、传统、信仰、习俗、生活习惯及艺术表达方式等。城市的多元文化为其发展注入了丰富多样的元素，并在城市文化中具有重要的价值。

城市的多元文化丰富了城市的文化景观。不同文化背景的人们带来了各自独特的传统节日、风俗习惯、音乐舞蹈、美食等元素，丰富了城市的文化氛围。例如，在一个多元文化的城市中，人们可以欣赏到来自不同国家的音乐演出、参加不同文化背景的庆祝活动，体验到多样性的艺术表达方式，这使得城市的文化生活更加多彩多姿。城市的多元文化促进了城市居民之间的交流与互动。不同文化背景的人们在城市中相互接触和交流，增进了对彼此的了解和认知。这种跨文化的交流有助于打破隔阂和偏见，促进社会的融合和和谐。人们可以通过交流学习到其他文化的知识和价值观，拓宽自己的视野，增强尊重和包容的态度。城市的多元文化还能够为城市创造商机和经济发展的机会。不同文化背景的人们带来了各自的消费需求和市场需求，这促进了城市的经济活力。例如，城市中的多元文化餐饮业常常能够满足不同人群对各种口味和菜系的需求；市场上出现了适应不同文化背景的商品和服务；旅游业也受益于多元文化，吸引了来自世界各地的游客。城市的多元文化对城市的创意产业和艺术发展也有着积极影响。不同文化背景的人们带来了丰富的艺术表达方式和视角，推动了城市艺术的创新和繁荣。在一个多元文化城市中，可以看到不同文化背景的艺术家、作家、导演等的合作与交流，艺术作品中融合了多样性的元素，使得城市的艺术活动更加具有吸引力和国际化水平。

因此，城市的多元文化丰富了城市的文化景观，促进了人们之间的交流与互动，为城市创造了更多的商机，促进了城市的经济发展，推动了城市的创意产业和艺术发展，成为城市发展中不可或缺的重要组成部分。在城市的未来发展中，仍需要加强对多元文化的保护和支持，为不同文化背景的人们提供平等的机会和待遇，共同建设一个包容、多元和和谐的城市社会。

二、打造城市IP

城市IP（Intellectual Property）是指通过知识产权的保护来塑造和推广一个城市的形象、文化和特色。它是将城市作为品牌进行营销和传播的一种策略。城市IP能够反映出一个城市的独特性和个性，它可以包括城市的历史、地理、人文景观和当地特色等多个方面，在城市文化中扮演着重要的角色。通过塑造和传播城市IP，能够提升城市的知名度和品牌形象，为城市吸引更多的投资者、游客和居民，促进城市的繁荣发展。

想要打造城市IP，赋能城市软实力的提升，需要了解城市的独特之处和文化特色等，包括历史、文化、自然环境等诸多方面。根据城市的特点，以吸引更多人关注为目标，制定有针对性的营销策略和宣传活动。同时，城市管理部门也要积极参与和推动城市IP的建设，如举办文化节、艺术展览和体育赛事等活动。还可以利用现代科技手段，如社交媒体和互联网，快速传播城市IP，使更多人了解和认可城市的独特魅力。打造城市IP主要围绕以下几方面。

1. 城市标志和标识

一个城市的标志和标识是城市IP的核心元素，它代表了城市的形象和特点。这可能是一个独特的徽标、图案或字体，与城市的价值观和文化相关联。

2. 特色产品和美食

城市IP可以通过推广本地特色的产品和美食来打造。这些产品和美食反映了城市的独特魅力和文化背景，使其成为游客和居民的特别记忆。

3. 文化活动和节日

举办文化活动和节日是塑造城市IP的重要手段之一。通过举办艺术展览、音乐节、体育比赛等活动，可以吸引更多的人前来参与，并加强城市文化形象的认知度和吸引力。

4. 旅游景点和建筑物

城市的旅游景点和标志性建筑物也是城市IP的重要组成部分。这些景点和建筑物代表了城市的独特风貌和历史遗产，成为吸引游客的重要亮点。

通过有效的城市IP战略，城市可以实现提升城市形象、加强城市认同、推动旅游业发展、增加城市的经济价值等目标。城市IP可以帮助塑造城市的正面形象，传递其独特的文化、创新和可持续发展等优势。这有助于吸引更多的投资、游客和人才，促进城市的经济和社会发展。城市IP能够增强居民对城市的归属感和自豪感。当居民对自己城市的文化、特色产品和活动感到骄傲时，他们更愿意积极参与和支持城市的发展。城市IP的成功营销和推广可以吸引更多的游客前来探索和体验，这将有助于推动城市旅游业的繁荣，进而提升城市的知名度和竞争力。城市IP可以为城市带来经济收益和商机。通过推与广城市IP相关的产品、服务和品牌许可，可以为城市创造新的商业机会和就业机会。总之，城市IP是通过知识产权的保护来塑造和推广城市形象和文化特色的一种策略。通过建立独特的城市标志、推广特色产品和美食、举办文化活动和节日等手段，城市可以打造一个有吸引力和竞争力的品牌形象，促进城市的发展和进步。

三、利用城市的多元文化打造城市IP

多元文化与城市IP之间存在紧密的联系和互动。多元文化为城市IP的打造提供了丰富的素材和灵感。在一个多元文化的城市中，各种不同的文化背景和传统都可以成为IP开发的源泉。这些文化元素可以用来构建独特的城市形象、角色和故事情节，使城市IP更具多样性和吸引力。例如，以传统节日、民俗习惯或地方特色为主题的IP，能够将城市的文化价值和特色展现给全球观众。城市IP的创作可以促进多元文化的传播和理解。通过城市IP的故事情节和角色形象，人们可以更好地了解和体验多元文化的魅力。城市IP的媒介形式，如电影、动画、游戏等，可以让观众身临其境般感受到城市的多元文化氛围，增强对不同文化的认知和尊重。

同时，城市IP可以成为推广和宣传城市多元文化的有力工具，加深人们对城市文化的认同感和归属感。多元文化还为城市IP的市场拓展提供了机遇。由于多元文化的存在，城市IP可以更好地满足不同文化背景的人群的需求和偏好。例如，根据不同文化背景的消费者的口味和喜好，城市IP可以进行定制和差异化的开发，推出适合各种文化市场的衍生产品和服务。这不仅有助于扩大城市IP的受众群体，也为城市创意产业的发展带来了商机和经济效益。城市IP的成功创作和运营还能够提升城市的形象和知名度。通过传播和推广城市IP，可以加强城市的品牌塑造和宣传，吸引更多的游客、投资者和居民。城市IP的成功还可以带动相关产业的发展，如旅游、文化娱乐、创意设计等，促进城市经济的繁荣和增长。

因此，多元文化与城市IP之间形成了良性互动。城市IP可以借助多元文化的力量，丰富其内容和表达方式，同时也可以通过城市IP的创作和推广，促进多元文化的传播和理解。这种相互促进与融合的关系，给城市的文化创意产业带来了更广阔的发展空间和机遇。

利用城市的多元文化打造城市IP有助于城市建立独特的品牌形象和吸引力，从而促进经济发展和增加城市的影响力。因此，要从以下几个方面进行多维度的创意策划。

1. 挖掘本地传统文化资源

城市可以深入挖掘本地的传统文化资源，包括民间艺术、手工艺、传统节日等，将其打造成具有独特魅力和辨识度的城市IP。例如，通过组织传统文化表演、开设相关产品的市场等方式，让居民和游客能够亲身体验传统文化的魅力，感受城市的文化氛围。

2. 建造代表性的城市标志物或建筑

城市可以通过建造具有代表性的标志物或建筑来打造城市IP。这些标志物或建筑可以与城市的多元文化紧密结合,反映城市的历史、文化和价值观。例如,北京的天安门、上海的东方明珠等都成为这些城市标志性的建筑物和 IP。

3. 举办特色文化节庆活动

城市可以定期举办具有代表性和特色的文化节庆活动,以打造城市IP。这些活动包括音乐节、美食节、艺术展览等,通过提供独特的文化体验,吸引更多人前来参与和品味城市的多元文化。

4. 培育本地文化创意产业

利用城市的多元文化资源,鼓励和支持本地文化创意产业的发展,创建具有城市特色的创意品牌。例如,通过培育本地设计师、艺术家和手工艺者,打造出具有独特文化元素的设计产品,从而形成城市独有的文化创意产业集群。

5. 加强城市文化交流与合作

积极开展城市间的文化交流与合作,与其他城市共同推动城市 IP 的建设。通过举办文化交流活动、签署友好合作协议等方式,促进不同城市之间的文化互鉴,为城市的多元文化创造更大的影响力和价值。

总之,利用城市的多元文化打造城市 IP,需要充分挖掘城市的传统文化资源,打造具有标志性的建筑和景点,举办特色的文化节庆活动,培育本地创意产业,并加强城市间的文化交流与合作。这些策略将有助于建立城市独特的品牌形象和吸引力,推动城市经济的发展和提升城市的影响力。

第三章 城市文化符号

城市文化符号是指在城市环境中特定的象征、标志或表达方式，用于代表城市的特点、价值观和身份认同。这些符号以各种形式存在，包括建筑物、艺术品、街道布局、标志标识等，通过视觉、听觉和感知等方式传递信息和情感。

第一节 城市文化与符号

一、城市文化与符号的关联

城市文化是在城市环境中形成的特定社会集体的生活方式、价值观念、行为规范及其相互关系的总和。它是城市居民共同的精神特征，承载着城市的历史、地理、社会和经济等方面的内涵。符号是一种具有象征意义的事物或标志，能够表达特定的概念、价值观和情感。在城市中，符号能够以各种各样的形式呈现，包括建筑物、艺术品、街道布局、节日庆典等。城市文化可以通过各种各样的符号来表达和传递信息。

二、代表性城市文化符号

建筑物是城市文化中最直观和显著的符号之一。不同风格、不同时代的建筑物代表着城市的历史发展和文化传承。例如，古老的历史建筑、古代的城墙、现代的摩天大楼等都是具有强烈符号性的建筑物，它们成为城市的标志性景观，反映着城市的文化背景和社会面貌。

艺术品也是城市文化符号的重要组成部分。城市中的雕塑、壁画、艺术装置等作品能够传达城市的审美情感和文化内涵。例如，一座雕塑可以代表城市的形象和精神特质，成为城市的独特标志；一幅壁画可以让人们感受到城市的艺术氛围和创造力。

街道布局和命名也是城市文化符号的重要体现。不同城市的街道规划和命名方式反映了城市的历史、地理和文化背景。例如，一条宽敞整洁的大街可以代表城市的繁荣和发展，而一条狭窄曲折的小巷则可能蕴含着城市的历史文化情结。而命名方式，如以著名人物、历史事件或地理特征来命名街道，更加凸显了城市的身份认同和文化传承。

节日庆典也是城市文化符号的重要表达形式。城市的节日和庆典活动是居民们共同参与的文化盛事，能够展现城市的社会凝聚力和文化多样性。例如，春节、端午节、中秋节等节日都是城市文化的重要组成部分，它们通过传统习俗、庆祝活动和艺术表演等形式，让人们感受到城市的独特魅力和活力。

总之，城市文化与符号相辅相成，共同构成了一个城市的独特魅力和个性。这些符号不仅反映了城市的历史、文化传统、地域特色和社会面貌，也体现了居民对城市的认同和归属感。通过理解和欣赏这些城市文化与符号，我们能更加深入地了解和体验城市的魅力。

第二节 要素符号系统

一、要素符号系统的概念

要素符号系统是一种将城市文化中的各个要素按照特定规则进行分类和组织的系统，它旨在通过符号来代表和传达城市中不同要素的特点、功能和意义，使人们能够更好地理解和识别这些要素。要素符号系统通常根据城市中存在的各种要素进行分类。如建筑要素符号、自然要素符号、交通要素符号、文化要素符号、社会要素符号等，这些要素符号也形成了各自的符号系统。

二、要素符号系统的价值和意义

城市要素符号系统的价值和意义在于帮助人们更好地理解和感知城市的各个要素，并为城市的规划、设计和发展提供指导，它对促进城市的建设和发展具有重要意义。

1. 城市要素符号系统能够增强城市的可读性

一个有效的城市要素符号系统可以提高城市的可读性，使人们更容易理解和导航城市环境。通过使用符号来表示建筑物、道路、交通设施、公共空间等要素，可以帮助人们快速识别和理解城市的结构和功能。

2. 城市要素符号系统能够传递信息与沟通

城市要素符号系统可以作为一种统一的语言，用于传递信息和进行沟通。通过使用标准化的符号，人们可以更直观地了解城市的特点和服务设施，并在需要时获取所需信息，如地图、导航标识等。

3. 城市要素符号系统能够强调城市特色和形象

城市要素符号系统可以突出城市的独特特色和形象。通过选择符号来代表城市的文化、历史、自然环境等要素，可以加强城市的身份认同，提升城市的形象和声誉。

4. 城市要素符号系统能够起到规划和设计指导的作用

城市要素符号系统可以为城市的规划和设计提供指导。通过使用符号来表示不同类型的土地用途、建筑高度、交通流量等要素，可以帮助规划师和设计师更好地理解城市的现状和潜力，并进行合理的规划和设计。

5. 城市要素符号系统能够提升居民意识和参与度

一个可视化且易于理解的城市要素符号系统能够提升居民的意识，促进居民的参与度。通过使居民理解和评估城市的各个要素，引导他们更积极地参与城市的决策过程，对城市的发展方向提出意见和建议。

6. 城市要素符号系统能够保护和改善城市环境

城市要素符号系统可以帮助保护和改善城市的环境。通过使用符号来标示自然资源、绿色空间、生态系统等要素，可以加强人们对环境保护的认识，推动可持续发展的实践和政策。

总之，城市要素符号系统对于城市具有重要的价值和意义。它可以增强城市的可读性，传递信息与沟通，强调城市特色和形象，为规划和设计提供指导，提升居民的意识和参与度，以及保护和改善城市环境。通过构建和应用有效的城市要素符号系统，可以实现城市的可持续发展，并提升人们对城市的认知和满意度。

三、构建城市要素符号系统

城市的要素符号系统由建筑要素符号系统、自然要素符号系统、交通要素符号系统、文化要素符号系统、社会要素符号系统组成。

1. 建筑要素符号系统

建筑要素符号系统是将城市中的建筑物按照功能、风格或用途进行分类和组织的系统。例如，可以将住宅建筑、商业建筑、教育建筑等分为不同的类别。此外，也可以根据建筑风格将其分为古典主义、现代主义等不同的类型。在建筑要素符号系统中，建筑物可以按照不同的方式进行分类，如功能分类、用途分类、风格分类等。建筑物可以根据其主要功能进行分类，如住宅建筑、商业建筑、教育建筑、医疗建筑等，每个功能类别都可以被赋予一个独特的符号以表示其对应的功能。建筑物也可以按照其具体用途进行分类。例如，公寓楼、写字楼、购物中心、学校大楼等。每个用途类别也可以被赋予一个符号以区分不同类型的建筑物。建筑物还可以按照其设计和建造时所采用的风格进行分类。例如，现代主义建筑、哥特式建筑、巴洛克建筑等。每个建筑风格都具有其独特的特点和符号，以帮助人们识别和理解建筑的风格和历史背景。通过建筑要素符号系统，人们可以通过识别符号来快速了解建筑物的功能、用途和风格。这种系统不仅有助于城市规划和建筑设计，还能帮助人们更好地欣赏和理解城市中丰富多样的建筑景观。通过学习和使用建筑要素符号系统，人们可以更加深入地了解建筑文化，并从中感受到建筑对城市形象和社会发展的重要性。

2. 自然要素符号系统

自然要素符号系统是将城市中的自然元素进行分类和组织的系统，如河流、公园、山脉等。这些自然要素符号在城市中扮演着重要的角色，并且往往与城市的环境、生态和休闲活动密切相关。自然要素符号系统旨在通过使用符号来代表和传达不同类型的自然要素，帮助人们更好地理解和识别城市中的自然特点和意义。自然要素符号系统通常将城市中的自然元素按照其类型和功能进行分类，如河流、湖泊、绿地、山脉、丘陵、海洋、自然保护区等。自然要素符号系统是通过使用特定的符号来代表和传达不同类型的自然要素，使人们能够更好地理解和识别城市中的自然环境和资源。这种系统有助于城市规划和设计，并提高人们对自然环境的认识和保护意识，促进城市的可持续发展。通过学习和应用自然要素符号系统，人们才可以更好地欣赏和利用城市中各种自然要素所提供的价值和福利。

3. 交通要素符号系统

交通要素符号系统是一种将城市中的交通设施和要素进行分类和组织的系统，它旨在通过使用符号来代表和传达不同类型的交通要素，帮助人们更好地理解和识别城市中的交通特点和意义，如道路、轨道交通、机场等。交通要素符号系统对城市的连接性和流动性至关重要，对城市的交通规划和发展也起着关键性作用。交通要素符号系统通常将城市中的交通设施按照其类型和功能进行分类，如道路、轨道交通、公交系统、自行车和步行道、机场和港口等。交通要素符号系统通过使用特定的符号来代表和传达不同类型的交通要素，使人们能够更好地理解和识别城市中的交通网络和设施。这种系统有助于城市交通规划和发展，提高交通效率和流动性，并改善居民的出行体验。通过学习和应用交通要素符号系统，人们可以更好地理解城市交通系统的重要性，并为其可持续发展做出贡献。

4. 文化要素符号系统

文化要素符号系统是一种将城市中的文化元素进行分类和组织的系统。它旨在通过使用符号来代表和传达不同类型的文化要素，帮助人们更好地理解和识别城市中的文化特点和意义，这些文化要素符号代表了城市的艺术氛围、创造力和文化传承，是城市文化的重要组成部分。文化要素符号系统通常将城市中的文化元素按照其类型和功能进行分类。如艺术品、文化活动、博物馆、艺术馆、图书馆、文化遗址和建筑等等。艺术品包括雕塑、壁画等艺术作品，这些艺术品通过形式和创造力展示了城市的艺术氛围和创意精神。文化活动包括音乐会、戏剧表演、舞蹈演出等各类文化表演活动，这些文化活动丰富了城市的文化生活，为居民提供了多样化的娱乐和享受。博物馆和艺术馆包括历史博物馆、艺术博物馆、科学博物馆等，这些机构收藏、展示和研究各种文化遗产和术品，为人们提供了了解城市历史和文化的机会。图书馆是保护和传播知识的场所，为人们提供了阅读、学习和研究的场所。文化遗址和建筑包括历史建筑、古迹和考古遗址等。这些文化遗址和建筑反映了城市的历史和文化传承，吸引着游客和文化爱好者。文化要素符号系统通过使用特定的符号来代表和传达不同类型的文化要素，使人们能够更好地理解和识别城市中的文化氛围和创造力。这种系统有助于城市文化规划和发展，促进文化交流和多元性，并提高人们对文化遗产和艺术的欣赏和认知。通过学习和应用文化要素符号系统，人们可更好地了解城市文化的重要性，促进城市的发展。

5. 社会要素符号系统

社会要素符号系统是一种将城市中的社会设施和要素进行分类和组织的系统，它旨在通过使用符号来代表和传达不同类型的社会要素，帮助人们更好地理解和识别城市中的社会特点和意义，这些要素对于满足居民的生活需求、为居民提供便捷的服务，以及为城市居民创造就业机会至关重要。社会要素符号系统通常将城市中的社会设施按照其类型和功能进行分类。如教育机构、医疗设施、商业中心、娱乐场所、公共文化体育场所等。教育机构包括学校、大学、培训中心等，这些教育机构为居民提供了教育和知识的场所，促进个人和社会的发展。医疗设施包括医院、诊所、药房等。这些医疗设施为居民提供了健康服务和紧急医疗援助，满足他们的医疗需求。商业中心包括商场、购物中心、超市等。这些商业中心为居民提供了生活所需商品和便捷的服务，满足了大众的日常生活需求。娱乐场所包括电影院、剧院、游乐园等，这些娱乐场所为人们提供了休闲和娱乐活动的空间，促进了居民的文化生活。公共文化体育场所包括图书馆、运动场等。这些公共文化场所为居民提供了社交、娱乐和运动的场所，丰富了城市居民的文化运动娱乐生活。

社会要素符号系统通过使用特定的符号来代表和传达不同类型的社会要素，使人们能够更好地理解和识别城市中的社会设施和资源。这种系统有助于城市规划和发展，满足居民的各种生活需求，并促进社会的融合和发展。通过学习和应用社会要素符号系统，人们可以更好地了解城市社会的重要性，促进并推动城市的可持续发展。

要素符号体系通过将城市中各种要素进行分类和组织，帮助人们更好地理解和识别城市的不同要素。它不仅为城市规划、设计和管理提供了指导，也使人们能够更加全面地了解和感受城市的多样性和特色。通过学习和探索要素符号体系，人们可以更好地欣赏和体验城市的丰富文化和独特魅力。

第三节 聚类符号系统

一、聚类符号系统的概念

聚类符号系统是指将城市文化符号按照某种特定的分类方式进行归类和组织，从而形成一个有序且易于理解的符号系统。这样的符号系统有助于人们更好地理解和识别城市中的符号，并了解它们所代表的意义和价值。聚类符号系统通常根据不同的因素和特征进行分类，如历史时期聚类符号、地域文化聚类符号、功能用途聚类符号、表达方式聚类符号、象征意义聚类符号等，这些聚类符号也形成了各自的符号系统。

二、聚类符号系统的价值和意义

聚类符号系统有助于城市建立独特的身份认同，并增强城市形象的可识别性，对城市的文化发展有着重要意义。

1. 增加城市吸引力

城市聚类符号系统可以通过创造独特和有吸引力的形象，吸引游客、投资者和居民。这些符号可以使城市在激烈的竞争中脱颖而出，并成为人们心目中的理想目的地。

2. 促进经济发展

一个有效的城市聚类符号系统可以为城市带来经济利益。它可以吸引更多的游客和商业机会，推动旅游业、零售业和服务业的发展。同时，这些符号也可以成为城市的品牌形象，提高城市产品和服务的知名度和价值。

3. 增强城市凝聚力

城市聚类符号系统可以作为一种共同的身份认同，将城市居民团结在一起。这些符号可以成为城市的标志和象征，让居民感到自豪并积极参与城市的发展和改善。

4. 传达城市价值观

城市聚类符号系统可以帮助传达城市的核心价值观和文化特点。通过选择符号来代表城市的特色和理念，可以向外界展示城市的独特性、包容性和创新能力。

5. 提升城市形象

城市聚类符号系统可以帮助改善城市的形象和声誉。它可以凸显城市在某个领域的卓越表现，如艺术、科技、教育等，从而提高城市的知名度和认可度。

6.丰富城市体验

城市聚类符号系统可以为居民和游客提供更丰富、深入的城市体验。这些符号可以作为标志性建筑、文化活动和景点等的象征，让人们更好地了解和感受城市的独特魅力。

总之，城市聚类符号系统对于一个城市具有重要的价值和意义。它可以帮助城市树立独特的身份认同，增加吸引力和竞争力，促进经济发展，加强社区凝聚力，并传达城市的价值观和形象。通过构建和推广有效的城市聚类符号系统，一个城市可以实现可持续的发展，并成为人们向往和投资的目的地。

三、构建城市聚类符号系统

城市的聚类符号系统由历史时期聚类符号系统、地域文化聚类符号系统、功能用途聚类符号系统、表达方式聚类符号系统、象征意义聚类符号系统组成。

1.历史时期聚类符号系统

历史时期聚类符号系统是一种将历史时期进行分类和组织的系统它旨在通过使用符号来代表和传达不同的历史时期，帮助人们更好地理解和识别历史发展的阶段和特点。历史时期聚类符号系统通常将历史时期按照其时间段、重大事件或文化特征进行分类，如古代时期的聚类符号包括远古时代、古代文明等。这些时期涵盖了人类文明的起源和早期发展，以及各种文化、政治和经济体系的形成。近代时期的聚类文化符号包括工业革命、工业文明等，这些时期代表了科学及工业发展的重要阶段，对现代社会产生了深远的影响。当代时期的聚类符号包括信息时代、数字化转型等。这些时期是以科技进步、数字化革命为特征的阶段。历史时期聚类符号系统通过使用特定的符号来代表和传达不同的历史时期，使人们能够更好地理解和识别历史发展的脉络和转折点。这种系统有助于历史研究和教育，促进对历史事件和文化演变的理解和欣赏。通过学习和应用历史时期聚类符号系统，人们可以更好地认识到历史的重要性，并从中汲取智慧和经验。

2. 地域文化聚类符号系统

地域文化聚类符号系统是一种将不同地域的文化进行分类和组织的系统，它旨在通过使用符号来代表和传达不同地区的文化特点和风格，帮助人们更好地理解和识别不同地域的文化遗产和传统。例如，将具有相似地域文化特色的建筑物或艺术品归类在一起，如东方文化、西方文化等。地域文化聚类符号系统通常将不同地域的文化按照其地理位置、民族特征或历史背景进行分类，如亚洲文化、欧洲文化、非洲文化、美洲文化、大洋洲文化等。亚洲文化包括东亚、南亚、东南亚和中亚等地区的文化，亚洲文化具有丰富多样的民族特色和历史传统，涵盖了中国文化等多个重要文化体系。欧洲文化包括西欧、东欧和北欧等地区的文化。欧洲文化受到古罗马、启蒙运动和浪漫主义等多种文化影响，形成了多元且丰富的艺术、音乐、文学和哲学传统。非洲文化包括撒哈拉以南非洲和北非地区的文化，非洲文化注重部落传统、音乐舞蹈和口头传统。美洲文化包括北美洲、中美洲和南美洲地区的文化。美洲文化涵盖了印第安文化、欧洲殖民影响和现代多元文化的交织，具有多样性和独特性。大洋洲文化包括澳大利亚、新西兰和太平洋岛国等地区的文化，大洋洲文化强调土著文化传统、环境保护和海洋精神，呈现出独特的岛屿风情和文化遗产。地域文化聚类符号系统通过使用特定的符号来代表和传达不同地域的文化特点，使人们能够更好地理解和识别不同地域的文化背景和传承。这种系统有助于促进跨文化交流和理解，增进对多元文化的尊重和欣赏。通过学习和应用地域文化聚类符号系统，人们可以更好地认识到地域文化的重要性，并推动文化多样性的可持续发展。

3. 功能用途聚类符号系统

功能用途聚类符号系统是一种将不同功能和用途进行分类和组织的系统，它旨在通过使用符号来代表和传达不同类型的建筑、场所或设施的功能和用途，帮助人们更好地理解和识别城市中的各种实体和资源。例如，将具有相似功能用途的建筑物或景观归类在一起，如宗教建筑、商业中心、公共空间等。功能用途聚类符号系统通常将建筑、场所或设施按照其主要功能或用途进行分类，如住宅、商业、教育、医疗、文化、运动、娱乐、交通等。功能用途聚类符号系统通过使用特定的符号来代表和传达不同建筑、场所或设施的功能和用途，使人们能够更好地理解和识别城市中的资源和服务。这种系统有助于城市规划和发展，提高城市的功能性和居民的生活质量。通过学习和应用功能用途聚类符号系统，人们可以更好地认识到城市设施的重要性，并为城市的建设发展做出贡献。

4. 表达方式聚类符号系统

表达方式聚类符号系统是一种将不同的表达方式进行分类和组织的系统，它旨在通过使用符号来代表和传达不同的表达方式，帮助人们更好地理解和识别不同形式的表达艺术和沟通方式。例如，将具有相似表达方式的艺术品或标志标识归类在一起，如雕塑、壁画、涂鸦等。表达方式聚类符号系统通常将表达方式按照其媒介、形式或技术进行分类。如文学、视觉艺术、音乐、舞蹈、戏剧、电影、数字媒体等。文学包括小说、诗歌、散文等文字表达形式，这些作品通过语言和文字来传达情感、思想和故事。视觉艺术包括绘画、雕塑、摄影等视觉表达形式，这些艺术作品通过图像和视觉元素来传达美感和观点。音乐包括声乐、器乐等音频表达形式，这些音乐作品通过声音和节奏来传达情绪和表达意义。舞蹈包括民族舞、现代舞等舞蹈表达形式，这些舞蹈作品通过身体动作和舞台表演来传达动态和韵律。戏剧包括话剧、音乐剧等舞台表演形式，这些戏剧作品通过演员的表演和剧本来传达情节和人物性格。影片包括电影、纪录片等视听表达形式，这些作品通过影像和声音来传达故事和情感。数字媒体包括网络、社交媒体、游戏等数字化表达方式，这些媒体通过数字技术和互动性来传达信息和创造体验。表达方式聚类符号系统通过使用特定的符号来代表不同的表达方式，使人们能够更好地理解和识别不同的艺术形式和沟通方式。这种系统有助于促进文化交流和欣赏，提升个人的审美素养和表达能力。通过学习和应用表达方式聚类符号系统，人们可以更好地认识到表达的多样性和重要性，并在不同领域中发挥创造力和交流能力。

5. 象征意义聚类符号系统

象征意义聚类符号系统是一种将不同的象征符号进行分类和组织的系统，它旨在通过使用符号来代表和传达不同符号的象征意义和文化内涵，帮助人们更好地理解和识别不同符号的含义和用途。例如，将具有相似象征意义的符号归类在一起，如代表自由、和平、繁荣等的符号。象征意义聚类符号系统通常将象征符号按照其主题、起源或文化背景进行分类，如自然象征、文化象征、社会象征、宗教象征、情感象征、抽象象征等。自然象征包括植物、动物、天气等与自然界相关的符号。例如，太阳能够象征力量和光明，鸟儿能够象征自由和灵感。文化象征包括与特定文化传统和价值观有关的符号。例如，龙能够象征中国文化中的权威和吉祥，牛能够象征印度教中的丰饶和力量。社会象征包括与社会身份、团体或运动相关的符号。例如，国旗可以象征一个国家的统一和独立，和平符号可以象征和平与团结。

宗教象征包括与宗教信仰和神秘观念相关的符号。例如，莲花象征佛教中的纯洁和觉悟，十字架象征基督教。情感象征包括与情感和心理状态相关的符号。例如，红玫瑰象征爱情和浪漫，蝴蝶象征变化和自由。抽象象征包括与抽象概念和思想有关的符号。例如，迷宫象征人生的追寻和探索，平衡秤象征公正和平衡。象征意义聚类符号系统通过使用特定的符号来代表不同的象征意义，使人们能够更好地理解和识别不同符号的文化内涵和象征含义。这种系统有助于促进跨文化交流和理解，增进对多元文化的尊重和欣赏。通过学习和应用象征意义聚类符号系统，人们可以更深入地了解符号背后的意义和价值，并将其应用于艺术创作、文化交流和视觉传达中。

聚类符号系统能够使人们更好地理解城市文化符号的内涵和背后的意义，有助于提供一个系统化的学习和探索城市文化的框架。通过深入了解不同分类下的符号，人们可以更好地欣赏和体验城市的多元文化，并从中感受到城市的独特之处与魅力所在。

第四节 文化符号系统

一、文化符号系统的概念

文化符号系统是一种将不同的符号和象征进行分类和组织的系统。它代表了特定文化中所使用的符号,包括语言、图像、物体和行为等方面。文化符号系统能够通过特定的符号传达价值观、文化传统和社会规范等,跨越语言的边界,实现跨文化交流与理解。

二、文化符号系统的价值和意义

文化符号系统对于一座城市的价值和意义至关重要,它们在城市文化发展中扮演着关键角色。

1. 文化符号系统能够传达和表达文化价值观和信念

文化符号系统充当了传递和表达特定文化价值观和信念的媒介。通过语言、象征符号、艺术作品等,人们可以沟通和分享彼此的思想、情感和经验。这种交流促进了文化认同和理解,并加强了社区和身份感。

2. 文化符号系统能够塑造和维护社会认同和凝聚力

文化符号系统帮助人们建立共同的认同感和归属感。它们通过提供一系列共享的符号和象征,使个体能够与他人建立联系,并形成集体身份。这种共同的认同感有助于加强社会凝聚力、增进团队合作和促进社会和谐。

3. 文化符号系统能够传承和保护文化遗产

通过传统的语言、仪式、服饰和艺术作品等符号，人们能够将过去的知识、经验和价值观传承给后代，这有助于保护和维护社会的文化多样性，以及传统技艺和知识的延续。文化符号系统是文化遗产的重要组成部分。

4. 文化符号系统能够促进跨文化交流和理解

文化符号系统为人们之间的跨文化交流提供了共同的语言和参照点。通过学习和理解不同文化的符号系统，人们可以更好地认识到其他文化的差异和相似之处。这种互相尊重和理解有助于消除偏见和误解，促进国际合作与和平发展。

5. 文化符号系统能够推动创新和文化演变

文化符号系统是一个社会或群体的创造力和创新精神的表达方式。通过与其他文化进行对话和融合，符号系统可以不断演变和发展。这促进了文化的创新和进步，使其能够适应不断变化的环境和需求。

总之，文化符号系统在社会和个体层面上都具有重要的价值。它们通过传达文化价值观、塑造社会认同、传承文化遗产、促进跨文化交流和推动创新，为社会的稳定、发展和多元性做出了积极的贡献。

三、文化符号系统的分类

文化符号系统通常根据其含义、用途或起源进行分类，如语言符号、象征符号、礼仪符号、艺术符号、服饰符号、标志符号等。

1. 语言符号

语言是最基本的文化符号之一，用于交流和传递思想。不同语言有着不同的词汇、语法和发音规则，从而产生独特的文化表达方式。

2. 象征符号

象征符号是通过具体的物体、动作或形象来代表抽象概念或意义。例如，国旗可以象征一个国家的认同和归属感。

3. 礼仪符号

礼仪符号是指在特定场合或社交活动中使用的行为规范和标志。这些标志包括问候礼仪、礼物交换和礼貌用语等，反映了一种文化对待他人的方式和尊重程度。

4. 艺术符号

艺术符号包括绘画、雕塑、音乐、舞蹈和文学等艺术形式。这些艺术作品通过视觉和听觉元素来传达情感、思想和美感。

5. 服饰符号

服饰符号是指在特定文化中用于表示身份、地位和价值观的服装和配饰。不同文化的服饰风格和图案反映了其独特的社会和文化背景。

6. 标志符号

标志符号是用于识别和代表特定组织、品牌或地点的标志和标识。这些标志通过图形和文字来传达特定的信息和身份。

文化符号系统帮助人们理解和传递文化的特征和内涵。通过学习和应用文化符号系统，人们能够更好地理解和尊重其他文化，并促进跨文化交流和合作。这种系统有助于加强文化认同和多样性意识，促进文化遗产的传承和保护，并推动文化的创新和发展。

四、构建城市文化符号系统

构建城市文化符号系统是一项长期而复杂的任务。它需要深入了解城市的历史、人文特点和社会背景，以及对城市的整体形象和价值观进行深入分析。构建一个有效的城市文化符号系统需要进行全面系统的分析与思考，制定关键步骤和策略，具体可以从以下几个方面入手。

1. 讲好城市故事

每个城市都有自己独特的故事。通过收集城市的历史、传统和重要事件，可以描绘出城市的独特性和特色。这些故事可以作为城市文化符号系统的基础。

2. 建造地标建筑

城市的地标性建筑是其视觉形象的重要组成部分。选择具有代表性、富有意义的地标性建筑作为城市文化符号，可以在人们的脑海中留下深刻印象。这些地标性建筑物能够不仅能够体现出城市精神，还反映出城市独特的个性与魅力。

3. 举办艺术与文化活动

城市的艺术和文化活动是文化符号系统的重要组成部分。通过培养艺术家，建立文化机构，举办各种展览、音乐会和戏剧演出等活动，可以使城市成为艺术与文化的中心。这些活动代表城市的创造力、多样性和活力。

4. 设计城市标识、口号和标语

城市的标识设计应突出城市的特色和独特之处，可以结合地理元素、历史文化或地标建筑等，色彩选择要考虑城市的氛围和情感，可以运用城市的代表性颜色，或者采用符合城市形象的色调。图形或标志的形状可以与城市的特点相关联，如山川、江河、摩天大楼等。一个简洁而有力的城市口号或标语可以成为城市文化符号系统的核心。城市标识、口号和标语设计，要考虑城市的定位和目标受众，同时也要充分了解城市的特点和独特之处，目的是能够准确地传达城市的核心价值观、形象及特点，并与人们产生共鸣。

5. 保护风景和自然元素

城市的自然环境和风景也可以成为文化符号系统的一部分。通过保护和弘扬城市的自然资源，如公园、湖泊和山脉等，可以展示出城市与自然的和谐共生，并突显出其可持续发展的重要性。

6. 推广特色产品与美食

城市的特色产品和美食是塑造其文化形象的重要因素。通过推广和传承当地的特色手工艺品、土特产和独特的美食文化，可以增加城市的吸引力和辨识度。

7. 关注居民参与和认同

最重要的是，城市文化符号系统应该得到城市居民和参与和认同。通过与社区合作，听取居民们的意见和反馈，可以确保文化符号系统与城市的真实面貌和价值观相符。

构建一个成功的城市文化符号系统需要综合考虑以上因素，并在其基础上进行持续的推广和传播。这样，城市将能够树立起独特而有吸引力的品牌形象，吸引投资者、游客和访客，不仅能够促进城市的经济文化发展，还能使城市居民认同自己所属的城市并为其感到自豪。

城市文化传播是指通过各种媒介、渠道和形式，传递和展示城市的文化内涵、特色和形象，以增加社会大众对城市的了解、认同和参与感。它是一种通过艺术、文化活动、文化遗产、音乐、电影、文学、体育等方式将城市文化元素传播给公众的行为。城市文化传播旨在传达城市的历史、人文、艺术、风俗、价值观等方面的信息，展示城市的独特魅力和多样性。通过广泛的传播手段，如媒体报道、文化节庆、展览、演出、文化产业等，城市文化传播使城市文化得以广泛传播，并吸引人们的关注和参与。

城市文化传播的目的是提升城市的知名度、美誉度和品牌形象，促进城市的经济、社会和文化发展。它可以增强城市的软实力，吸引人才、投资和旅游，推动城市的可持续发展。在城市文化传播中，重要的是突出城市的独特性和地域特色，传递城市的文化自信和自豪感。同时，要注重挖掘和保护城市的文化资源，传承和发展城市的传统文化，推动新兴文化形式和艺术创作。总之，城市文化传播是一种通过多种方式传递和展示城市的文化特色和形象的行为，旨在提升城市的知名度、美誉度和品牌形象，它对城市的文化建设和可持续发展都具有重要意义，能够促进城市的经济、社会和文化发展。

第四章 城市文化传播

城市文化传播具有重要的意义。城市文化传播是展示城市形象和吸引人才、投资和旅游的重要方式。通过传播城市的文化特色和活力，可以吸引更多的人关注和了解城市，从而增加城市的知名度和美誉度。城市文化传播有助于塑造城市的品牌形象。一个具有丰富文化内涵和独特魅力的城市，往往能够建立起独特的品牌形象，使其在竞争激烈的城市市场中脱颖而出。通过传播城市的文化资源和价值观念，可以打造出独一无二的城市品牌形象，提高城市的竞争力和吸引力。城市文化传播也是传承和保护地域文化的重要手段。每个城市都有自己独特的地域文化，它是城市历史、人文艺术、民俗风情的重要组成部分。通过传播这些地域文化，可以促进对传统文化的认同和传承，保护和弘扬地方特色，增强城市文化的连续性和传统性。城市文化传播还是促进交流与互动的桥梁。通过展示和交流城市的文化成果和创新成果，可以增加不同城市之间的了解和沟通，促进城市之间的交流与合作。同时，城市文化传播还能够拉近城市与居民之间的距离，增进彼此的认同感，增强城市的凝聚力。因此，城市文化传播对于塑造城市形象、打造品牌、传承地域文化及促进交流与互动都具有重要的意义。因此，每个城市都应该重视城市文化传播，加强相关工作的规划和实施，以提升城市的软实力和文化魅力。

第一节 建设城市特色品牌

建设城市特色品牌是指通过精心策划和有效推广，使城市在公众心目中形成独特的形象和价值观念，从而与其他城市区分开来，并在经济、文化和社会领域获得一定的竞争优势。

建设城市特色品牌在增强城市形象、促进城市经济发展、促进城市文化传承、提升城市竞争力等方面发挥着重要作用。建设城市特色品牌可以塑造城市独特的形象和特点，使之在众多城市中脱颖而出。通过突出城市的文化、历史、自然景观等独有资源，赋予城市一个鲜明的个性和标识，吸引游客、投资者和居民。城市特色品牌的建设能够带动相关产业和经济的发展，增加就业机会和创造财富。例如，如果一个城市以美食或手工艺闻名，那么当游客前来品尝或购买时，将带动餐饮业或手工艺品业的发展。城市特色品牌能够成为吸引游客的独特卖点。城市应提供与众不同的旅游体验，如独特的景观、传统节庆、特色活动等，吸引更多游客前来探索和体验，从而提升旅游业的发展水平。

城市特色品牌的建设有助于保护和传承城市的文化遗产和传统。通过推广和传播城市独特的文化元素，如民俗、传统工艺等，可以增加人们对本地文化的认同感和自豪感，同时也能够为相关文化产业提供发展机会。具备独特品牌的城市更容易在国内外竞争中脱颖而出，吸引投资者和企业落户，进一步推动城市的发展。例如，当一个城市以技术创新和科技产业发展为特色时，可以吸引高科技企业和创新团队前来投资和合作。

总之，建设城市特色品牌对于城市的形象塑造、经济发展、旅游吸引力、文化传承、竞争力提升等方面都起到了至关重要的作用。通过突出城市的独特特点和资源，能够为城市带来更多的机遇和发展潜力，使其在全球化的竞争中更具竞争力和吸引力。

一、建设城市特色品牌的目的

建设城市特色品牌能够提升城市形象，促进城市的文化传承和保护，推动城市的发展和转型，增加城市的吸引力和竞争力，提高城市居民的自豪感和参与度。一个城市特色品牌的建设可以通过塑造独特的形象和价值观念，提升城市的整体形象。这有助于改善城市在公众心目中的认知和评价，增加城市的知名度和美誉度。城市特色品牌的建设可以使城市在激烈的竞争中脱颖而出，并增加城市的吸引力和竞争力。一个具有独特品牌形象的城市更容易吸引人才、投资和旅游，促进城市的发展和经济增长。通过建设城市特色品牌，可以明确城市的核心竞争力和发展方向，为城市的产业升级、文化创新和城市规划提供指导。这有助于推动城市的发展和转型，实现可持续发展的目标。一个具有独特品牌形象的城市能够提高居民对城市的满意度和幸福感，增强居民的自豪感和认同度。同时，建设城市特色品牌也可以促进公众的参与和互动，增加居民对城市事务的关注和参与度。通过建设城市特色品牌，可以更好地传承和保护城市的历史、人文和传统文化。将这些文化元素融入品牌形象中，不仅可以增加城市的文化魅力，还可以激发人们对传统文化的兴趣和认同，推动文化的传播和保护。建设城市特色品牌是塑造城市形象、提升城市品质和吸引力的重要手段，对城市的可持续发展起到至关重要的作用。

二、建设城市特色品牌的价值和意义

建设城市特色品牌对城市的建设发展具有重要的价值和意义。首先，建设城市特色品牌能够提升城市的竞争优势。建设城市特色品牌可以使城市在激烈的竞争中脱颖而出，并在经济、文化、旅游等领域获得竞争优势。一个具有独特品牌形象的城市更容易吸引人才、投资和旅游，促进城市的发展和增加就业机会。其次，建设城市特色品牌能够增加城市知名度和声誉。通过建设特色品牌，城市的知名度和声誉可以得到提升。一个具有良好品牌形象的城市，在公众心目中更容易被认可和信任，这有助于吸引更多的人关注和了解城市，推动城市的发展和形象提升。再次，建设城市特色品牌能够引导城市发展方向。建设城市特色品牌需要对城市的资源、文化和市场进行深入挖掘和分析。在这个过程中，可以明确城市的核心竞争力和发展方向，从而有针对性地促进城市的产业升级、文化创新和城市规划。又次，建设城市特色品牌能够提高居民满意度和凝聚力。一个具有独特品牌形象的城市可以增强居民的自豪感和认同感，提高居民的满意度和幸福感。同时，建设城市特色品牌也有助于促进公众参与和互动，增强城市的凝聚力和社会稳定性。最后，建设城市特色品牌能够促进文化传承和保护。通过建设城市特色品牌，可以更好地传承和保护城市的历史、人文和传统文化。将这些文化元素融入品牌形象中，不仅可以增加城市的文化魅力，还可以激发人们对传统文化的兴趣和认同，推动文化的传播和保护。

总之，建设城市特色品牌对于城市具有竞争力、知名度、发展方向、居民满意度和文化传承都具有重要的价值和意义，是塑造城市形象、提升城市品质和吸引力的重要手段，对于城市的可持续发展起到了至关重要的作用。

三、建设城市特色品牌的关键要素

成功地建设城市特色品牌，需要考虑以下关键要素。

1. 独特性

城市特色品牌应该具有独特的地域特色和文化内涵。每个城市都有自己的历史、人文、自然环境等独特资源，可以通过挖掘和展示这些资源来打造城市的特色品牌。

2. 传统与创新的融合

城市特色品牌的建设需要既尊重和传承传统文化，又与时俱进，注入创新元素。通过将传统文化与现代艺术、科技、产业等相融合，能够使城市特色品牌更具活力和吸引力。

3. 品质与服务

城市特色品牌的建设需要关注品质和服务。优质的公共设施、文化活动、旅游服务等可以为城市赢得良好的口碑和用户体验，提升城市的形象和竞争力。

4. 故事和故土情怀

城市特色品牌的建设是一个讲述城市故事的过程。通过传递城市的历史、人文、传统等故事，可以唤起人们对城市的情感认同和归属感。

5. 综合推广和宣传

城市特色品牌的建设需要通过多种渠道和媒介进行综合推广和宣传，包括传统媒体、社交媒体、网络平台等，以及举办各类文化活动、展览、节庆等方式，将城市的特色品牌信息传递给更多的目标受众。

总之，建设城市特色品牌是通过挖掘城市的独特资源和文化内涵，结合传统与创新，注重品质和服务，讲述城市故事，并通过多种渠道和媒介进行全面推广和宣传的过程，它旨在塑造城市的独特形象和价值观念，赢得公众的认同和关注，提升城市的竞争力和吸引力。

四、建设城市特色品牌的策略

建设城市特色品牌十分重要，它有助于将城市的独特魅力和文化价值传达给外界。这需要制定明确的策略，以确保品牌建设能够成功。

1. 建设城市特色品牌需要挖掘城市独特资源

通过深入挖掘城市的历史、文化、自然环境等独特资源，找到城市的核心竞争力和特色元素，并将其融入品牌形象中。可以通过城市的历史文化遗产，发掘历史背景和传统文化，以此为基础打造具有独特韵味的城市品牌形象。此外，城市的自然环境也是一种宝贵资源，可以将其与城市特色相结合，如山水风光、园林景观等，借此打造独特的自然特色品牌。在挖掘独特资源的过程中，需要从城市的核心竞争力出发，找到最能代表城市特色的元素，这可能涉及城市的特定产业、知名景点、优质产品等。例如，对一个以海洋资源闻名的城市而言，可以将海洋文化、渔业产业等作为核心竞争力，通过塑造海洋品牌形象来提升城市品牌形象，吸引更多的关注。

2. 建设城市特色品牌需要建造标志性建筑和景点

建设具有独特设计和标志性的建筑物和景点，以突出城市的特色和形象。这些地标性建筑和景点可以成为城市特色品牌的重要组成部分。建造标志性建筑有助于树立城市形象，设计独特的建筑物能够给人留下深刻的印象，成为城市的地标。这些标志性建筑物既能够展示城市的精神面貌，又能够突出城市的特色。标志性建筑物可以是历史文化遗产，如北京的故宫，也可以是现代建筑，如上海的东方明珠，城市的标志性建筑物有利于塑造城市的独特形象和品牌。标志性景点对于建设城市特色品牌也非常重要，特色鲜明的标志性景点往往具有强大的吸引力，能够吸引更多的游客和投资者，成为观光旅游的打卡地。城市的标志性景点能够成为城市特色品牌的象征，促进城市独特文化和品牌形象的推广，带动旅游业的发展，进而增加城市的知名度和影响力。

3. 建设城市特色品牌需要举办特色文化活动

在建设城市特色品牌的过程中，举办特色文化活动是一种有效途径。这些活动要以宣传城市特色为核心，通过活动吸引大众的关注和参与，进而推广城市的特色文化，塑造城市的品牌形象。举例来说，许多城市或地方都有特色的美食，比如新疆的羊肉串、兰州的拉面、重庆的火锅等，可以通过组织美食节或美食展览等形式，将城市独特的美食文化呈现出来，进一步提升城市的品牌形象。举办特色活动能够吸引更多人的关注和参与，如文化艺术节、音乐节、灯光秀等，可以吸引更多人亲身感受城市的独特魅力。这些活动还有助于文化的相互碰撞和融合，能够产生更多的创意和亮点，促进文化的传承和发展。

4. 建设城市特色品牌需要建立多方合作

建设城市特色品牌是提升城市形象，促进城市经济发展的关键因素之一。在这个过程中，建立多方合作是非常重要的。如与企业、组织、艺术家等建立合作关系，能够共享各方的资源和优势，有助于推广和传播城市特色品牌，实现互利共赢。各方能够在建设城市特色品牌中发挥自身优势，比如，企业能够提供资金和市场推广渠道、组织能够提供专业知识和人力支持，艺术家能够通过创作作品展示城市特色等，通过群体效应、优势互补，实现资源优化和利用最大化。建立合作可以通过赞助合作、项目合作、合作活动和艺术创作等多种形式实现，这些合作能够为城市特色品牌发展带来更多的机遇和挑战，促进城市形象的提升和经济的繁荣。

5. 建设城市特色品牌需要新媒体宣传和数字技术

在当今数字化时代，城市特色品牌的建设需要充分利用互联网、社交媒体及数字技术，扩大城市特色品牌的影响力和传播范围。通过精心策划的内容营销、社交媒体推广等方式，吸引更多的目标受众。互联网可以为城市特色品牌提供一个广阔的展示平台，通过建立专门的官方网站或者利用线上旅游平台，全面展示城市的特色文化、旅游资源、商业环境等信息，吸引更多人的关注。社交媒体成为传播信息的重要渠道，通过策划运营微博、微信公众号等社交媒体账号，为大众提供即时更新的城市特色活动、景点推荐、优惠信息等内容，能够有效增加用户参与度和黏性。同时，社交媒体还为城市特色品牌建设提供了与用户互动的机会，通过回复评论、开展线上问答活动等方式，增强用户对城市特色品牌的认知和信任。数字技术的应用也在城市特色品牌传播中发挥了重要作用。例如，通过虚拟现实技术或者增强现实技术，为大众提供身临其境的沉浸式体验，提升他们对城市特色的好奇心和兴趣。同时，利用大数据分析等技术手段，能够深入了解目标受众的需求和偏好，进而能够更有针对性地进行城市特色品牌形象的宣传和推广。

6. 建设城市特色品牌需要建设优质的基础设施和服务

要建设特色城市品牌，需重视提升城市的基础设施建设和服务质量。改善城市的交通系统是非常重要的一环，城市应该致力于减少交通拥堵，提高交通效率。这可以通过改善道路网络、扩大公共交通系统、鼓励使用清洁能源车辆等措施来实现。同时，为行人和自行车提供更安全、更便捷的交通方式也是十分必要的。作为一个有特色的城市品牌，提升旅游设施也至关重要。应注重改善和丰富旅游景点及其设施，主要包括修复历史建筑、打造现代化的旅游设施、举办各类文化艺术活动等，以吸引更多游客前往。通过提供令人难忘的旅游体验，城市将赢得更多游客的赞誉并树立起独特的品牌形象。文化是一个城市的灵魂，建设合适的文化活动场所对于打造城市特色品牌至关重要。城市应建设多样化、高品质的文化场所，比如艺术展览馆、剧院、音乐厅等。这些场所不仅能吸引国内外艺术家和表演者，还能为大众提供丰富多彩的文化体验。通过建设优质的基础设施，提升城市的服务质量，能够促进城市的可持续发展。在这样的基础上，城市才能树立特色鲜明的品牌形象，成为一个令人向往的地方。

7. 建设城市特色品牌需要鼓励创意产业和文化创新

在当今竞争激烈的城市发展中，为更好地提升城市活力和吸引力，支持与发展创意产业和文化创新显得尤为重要。鼓励创意产业发展是建设城市特色品牌的重要组成部分，可以通过扶持创意企业、建设文化创意园区、举办创意活动等方式来实现。例如，可以通过提供优惠政策、减免税收等方式来扶持创意企业。同时，还可以为创意企业提供专业培训和咨询服务等，帮助它们提高创新能力和市场竞争力，使其更好地发挥作用，为城市的特色品牌建设做出贡献。建设文化创意园区也是实现城市特色品牌建设的有效途径之一。文化创意园区是一个集聚创意企业、文化机构、艺术家工作室等于一体的场所。通过打造创意园区，能够为城市创意产业发展提供更好的交流平台，促进不同领域创意人才之间的合作与碰撞。此外，文化创意园区往往也会举办各种文化创意活动和展览，为市民带来艺术享受和文化体验，通过文化创意活动进一步提升城市的文化氛围和品牌形象。

8. 建设城市特色品牌需要加强品牌宣传与推广

制订全面的品牌宣传与推广计划，选择合适的渠道和媒介进行广泛而有针对性的推广。可以包括传统媒体、社交媒体、户外广告等多种形式。例如，在传统媒体方面，可以选择报纸、电视、广播等渠道推广城市特色品牌。通过在主流报纸上刊登相关文章和广告，以及在电视和广播媒体中播放相关宣传片和广告，能够让更多的人了解城市特色，深化城市特色品牌意识。在社交媒体方面，可以利用微博、微信、抖音等热门平台来扩大品牌影响力。通过发布精心设计的帖子、视频和短片，引起用户的共鸣并分享给他们的朋友，能够有效地传播城市特色品牌的价值和魅力。此外，还可以考虑利用户外广告来增加品牌曝光度。在城市的主要街道、公园和商业区设置广告牌、灯箱广告和公交车广告等，使城市特色品牌形象深入人心。同时，可以选择赞助重要的活动和展览，以增加城市品牌的知名度和认可度。

建设城市特色品牌需要根据城市的具体情况和市场需求制定相应的策略和措施。首先要将策略融入城市的整体规划和发展，确保品牌建设与城市的实际情况和发展目标相符合。其次，策略执行过程中需要不断进行评估和调整，以确保品牌建设的有效性和持续性。

第二节 建设文化交流平台

建立文化与交流平台对城市的文化发展有着重要影响，它在促进文化多样性和文化创新、传承和弘扬本地文化、拓展文化产业和经济发展、增强国际影响力等方面都起到了重要作用。文化交流平台为不同文化背景和艺术领域的人们提供了一个相互交流、合作和展示的平台。这种多元的文化交流促进了文化多样性的发展，激发了创作和创新的活力。通过文化交流平台，城市能够吸引各类文化活动和艺术家创作，丰富城市的文化氛围。

文化交流平台成为传承和弘扬本地文化的重要场所。通过举办本地传统节庆、展览和表演等活动，可以增加居民对自身文化的认同感，传承和保护本地的文化遗产。这有助于形成城市独特的文化品牌，提升城市的知名度和吸引力。文化交流平台为文化产业提供了发展和推广的机会。通过举办一些文化展览、创意市集、艺术表演等活动，可以推动文化创意产业的发展，促进相关行业和就业机会的增长。同时，吸引更多游客和投资者，为城市带来经济效益。文化交流平台能够成为国与国间文化交流与合作的重要窗口。通过举办国际性的文化节、艺术展览等活动，吸引来自不同国家和地区的艺术家、学者和文化从业者，促进国与国间的文化互鉴与合作，有助于提高外界对城市文化的关注度和认可度，促进城市国际影响力的提升。

总之，建立城市的文化与交流平台对城市的文化发展至关重要。它不仅促进了文化多样性和创新，传承和弘扬本地文化，拓展文化产业和经济发展，还增强了城市的国际影响力。通过建立城市文化与交流平台，能够吸引和培育文化人才，促进居民和访客对城市文化的参与和认同，进一步提升城市的形象和竞争力。

一、搭建城市文化交流平台的目的

建立城市文化交流平台的目的是促进不同文化之间的交流和互动，加强城市居民之间的联系和理解。建立这样一个平台能够促进不同地区、不同文化背景的人们相互间的交流与对话，为不同的地区、国家、城市、群体提供一个能够共同参与的开放的空间，他们能够利用文化交流平台分享自己的文化传统、艺术表达和其他形式的文化活动，并通过分享彼此的文化传统、艺术表达、习俗风情等，增进相互了解和尊重。

1. 要丰富文化内涵与内容

通过城市文化交流平台，各地区的文化资源得以展示和传播，从而丰富整个城市的文化内涵与内容。这种交流可以激发创意和想象力，推动文化创新与艺术发展，为城市增添独特的魅力和活力。

2. 要激发社会参与与合作

建立城市文化交流平台有助于鼓励社会各界人士积极参与和合作。通过平台上的信息发布、活动组织等形式,各类参与者可以共同策划文化活动、展览、演出等,提升城市文化的品质和影响力。

3. 要培育文化产业与促进经济增长

城市文化交流平台的建立能够为文化产业的发展提供支持。通过平台上的线上线下活动和项目合作,可以促进文化创意产业的繁荣,带动相关产业链的发展,推动城市经济的增长与多元化。

4. 要塑造城市形象与地位

通过建立具有影响力的城市文化交流平台,可以树立城市的良好形象和地位,有效地展示城市的文化资源和活动,吸引更多的游客、投资者和居民,进一步提升城市的知名度和竞争力。

总的来说,建立城市文化交流平台的目的是打破文化壁垒,促进不同文化之间的交流与融合。在促进文化交流与对话的基础上,可以通过举办各种文化活动、提供文化教育和培训、推动合作和交流,以及利用科技手段建立线上社交平台等形式,丰富城市的文化内涵与内容,激发社会参与合作,培育文化产业与经济增长,塑造城市的形象与地位。这些目的共同推动了城市文化的发展和繁荣。建立一个开放和包容的城市文化交流平台,还能促进城市居民之间、城市之间的交流与理解,进而达到更好地宣传城市文化的目的。

二、搭建城市文化交流平台的价值和意义

搭建城市的文化与交流平台,对城市文化的发展与宣传具有重要的价值和意义。

1. 促进文化传承与创新

文化交流平台为居民和访客之间提供了一个沟通和交流的平台，使得人们能够分享和传承本地的文化遗产和传统。同时，也为各种文化形式的创新提供了机会，激发了艺术创作的活力和创造力。

2. 弘扬地方文化特色

通过举办各种文化活动、展览、表演等，文化交流平台可以将城市的独特文化特色展示给公众。这有助于增强公众对本地文化的认同感，同时也能够吸引更多的游客前来体验和学习，推动城市旅游业的发展。

3. 促进城市凝聚力与社会和谐

文化交流平台为居民提供了一个共同参与和互动的空间，有利于促进城市的凝聚力和社会的和谐。通过共同参与文化活动，人们能够建起更紧密的社交关系，增强城市内部的联系和互助。

4. 推动文化产业发展

文化交流平台为文化产业的发展提供了重要支持。通过举办各类文化活动，可以为艺术家和文化创意从业者提供展示和推广的机会，促进他们的职业发展。同时，也能够带动相关行业的繁荣，为城市经济增长注入新的活力。

5. 加强国际交流与合作

文化交流平台不仅能够促进本地居民之间的交流，还能够成为国际交流与合作的桥梁。通过举办国际性的文化活动、艺术展览等，可以吸引来自不同国家和地区的文化名人和艺术家，促进文化互鉴与合作，提升城市的国际影响力。

总的来说，搭建文化与交流平台对于城市的价值和意义在于促进文化传承与创新，弘扬地方文化特色，增强城市凝聚力，提升社会和谐度，推动文化产业发展，加强国际交流与合作。这些都有助于提升城市的形象和竞争力，并为居民和访客提供更多的文化体验和机会，使城市成为一个充满活力和吸引力的文化中心。

三、搭建城市文化交流平台的关键要素

成功地搭建城市文化交流平台，需要考虑以下几个关键要素。

1. 多元文化资源

一个有效的城市文化交流平台需要具备丰富多样的文化资源。这包括城市内不同民族的文化传统、艺术表达形式、历史遗产等。通过整合和展示这些多元文化资源，可以提供给参与者更广泛的文化选择和体验。

2. 开放和包容的环境

城市文化交流平台应该是一个开放和包容的空间，鼓励各种文化群体的参与和互动。无论是居民、艺术家、文化从业者还是游客，都应感到受到欢迎和尊重。这样的环境可以促进不同文化之间的相互学习、理解和交流。

3. 多样化的活动和项目

城市文化交流平台应该提供多样化的活动和项目，满足不同人群的兴趣和需求。这可以包括文化节庆、音乐会、舞蹈表演、艺术展览、工作坊和讲座等。通过组织这些活动，可以激发公众对文化的兴趣，促进跨文化

的对话和互动。

4. 科技支持和创新应用

在搭建城市文化交流平台时，科技支持和创新应用是不可或缺的要素。通过利用信息技术和互联网平台，可以实现线上线下的文化交流和互动。这样的创新应用可以扩大平台的影响力和覆盖范围，促进更广泛的参与和共享。

5. 合作伙伴和资源支持

搭建城市文化交流平台需要有来自不同领域的合作伙伴和资源支持。这可以包括政府部门、非营利组织、艺术团体、学术机构及社区居民等。通过与相关方合作，可以整合资源、共享经验，并且提供更全面和专业的支持。

6. 持续的推广和宣传

一个成功的城市文化交流平台需要进行持续的推广和宣传工作。通过各种宣传渠道和媒体，向公众传达平台的存在和价值，提高知名度和参与度。同时，也要积极与旅游机构、媒体合作，将平台作为城市形象的重要组成部分进行推广。

总的来说，搭建城市文化交流平台的关键要素包括多元文化资源、开放和包容的环境、多样化的活动和项目、科技支持和创新应用、合作伙伴和资源支持，以及持续的推广和宣传。这些要素相互配合和支持，可以为城市居民提供一个丰富多彩的文化交流平台，促进跨文化的理解和互动。

四、搭建城市文化交流平台的策略

建设城市文化交流平台需要制定一系列策略，以确保其有效运作和持续发展。为实现这一目标，应主要考虑以下几个方面。

1. 确定平台建设目标

在搭建城市文化交流平台之前，需要清楚地确定建设目标，明确预期实现的成果和影响，以便为后续的策略制定和实施提供指导。在确定目标时，应该主要考虑提升城市形象、促进经济发展、促进跨文化交流等方面。明确了目标之后，能够更好地制定策略和计划，并以此为指导，努力实现目标。

2. 争取多方支持合作

可以申请政府部门的支持，或与非营利组织、艺术团体、学术机构等建立合作，共同推进城市文化交流平台建设。例如，政府部门重视促进城市发展和文化交流相关工作，建设城市文化交流平台可以申请政府机构的政策支持、场地资源和资金援助等，使平台能够更好地融入城市生态系统。与非营利组织合作可以扩大平台的社会影响力，并获得专业知识和资源支持。与大学或研究机构合作可以获得学术支持和研究资源，能够为平台提供专业指导和创新思路，促进平台的发展和升级。

3. 挖掘整合文化资源

调研并挖掘城市内的多元文化资源，包括传统文化、当代艺术、历史遗产等。通过整合这些资源，搭建一个丰富多样的文化交流平台，满足不同人群的需求和兴趣。深入研究和保护城市的传统文化，如民俗习惯、传统节日和手工艺品等，将其融入城市的设计与建设中，以此传承城市文化，展示城市独特魅力。当代艺术也是城市文化发展的重要组成部分，它能反映出当代社会的思潮和审美观念，通过展示当代艺术作品等形式，能够营造一个创新和前卫的城市形象，将更多的艺术家和文化创意人才吸引到城市中来。历史遗产也是城市文化资源的重要组成部分，通过保护和修复历史遗产，不仅能够传承城市的历史记忆，也能为未来城市发展提供参考和借鉴。以整合有效文化资源为基础，通过搭建文化交流平台，达到促进文化交流与融合的目的。

4. 开展文化教育及活动

开展文化教育项目，如讲座、工作坊、培训班等，为公众了解和参与文化交流提供平台。推广本地文化和传统知识，培养文化意识和自豪感。策划和组织丰富多样的文化活动，如文化节庆、艺术展览、音乐会、舞蹈表演等。节庆活动可以展示不同文化的传统和特色，使大众感受到不同文化的魅力和独特之处。艺术是一种语言的表达方式，艺术展览可以打破语言障碍和文化的界限，让人们通过欣赏艺术作品来感受和理解不同文化的内涵。通过举办不同风格的音乐会和舞蹈表演，可以使观众领略到不同国家和地区的音乐舞蹈风情，进而更深入地了解其文化背景，并加深对文化的兴趣和尊重。这些文化教育及活动成为搭建城市文化交流平台的有效方式，推动了文化的融合与创新，促进了文化的合作与发展。

5. 充分利用现代信息技术

开发并利用信息技术和互联网平台，搭建线上线下相结合的展示交流平台。在当今数字化时代，科技发展使文化交流更加便捷和高效，利用信息科技的支持实现创新应用已成为文化交流的重要手段。例如，通过移动媒体应用和社交媒体等渠道来提供在线展览、虚拟导览、艺术作品分享等功能，用户可以随时随地欣赏到更多的艺术作品，这种虚拟的体验将极大地扩大平台的覆盖范围和影响力，使更多人能够享受到文化交流所带来的乐趣。

总之，搭建城市文化交流平台主要包括确定平台建设目标、争取多方支持合作、挖掘整合文化资源、开展文化教育及活动以及充分利用现代信息技术等。这些方面应共同发力、相互配合、互相支撑，努力为城市居民搭建一个丰富多彩的文化交流平台，促进城市文化的传承发展与交流传播。

第三节 多渠道宣传与推广

城市文化的多渠道宣传与推广是指利用多种途径和平台，向公众广泛传播和推广城市所拥有的丰富文化资源、活动和特色。这种宣传和推广的目的是提高公众对城市文化的认知度、兴趣和参与度。多渠道宣传与推广不仅包括传统的媒体宣传方式，如电视、广播、报纸等，还涵盖了新兴媒体和互联网平台，如社交媒体、在线平台等。通过在不同的渠道和平台上展示城市文化的独特魅力和吸引力，可以吸引更多的关注和参与者。

多渠道宣传与推广的优势在于能够覆盖更广泛的受众群体，并满足不同人群的信息获取习惯和需求。例如，年轻人更倾向于使用社交媒体平台获取信息，而老年人可能更喜欢通过传统的媒体渠道获取信息。因此，将宣传内容在不同的媒体平台上进行整合和发布，可以实现全方位的宣传覆盖。多渠道宣传与推广还可以与其他相关机构和品牌进行合作，共同推广城市文化。例如，与旅游机构、艺术团体、媒体、品牌等开展合作，通过相互交换资源和互利合作，实现共同宣传目标。

总而言之，城市文化的多渠道宣传与推广是一种综合利用传统媒体与新兴媒体、在线平台与线下活动、合作伙伴与社区参与等手段的宣传策略。通过多样化的宣传方式，可以提升城市文化的知名度、吸引力和影响力，促进公众对城市文化的认同感和共鸣，推动城市文化的发展和繁荣。

一、多渠道宣传与推广城市文化的目的

多渠道宣传与推广城市文化的目的在于提升城市的知名度、吸引力和影响力，促进公众对城市文化的认知度、兴趣和参与度。

1. 要增强意识和提高认知

通过多种渠道的宣传与推广，让更多的人了解和认识到城市所拥有的丰富文化资源和特色。这可以增强公众对城市文化的关注和兴趣，激发他们探索和体验城市文化的愿望。

2. 要大力传播城市形象

多渠道宣传与推广可以塑造城市的良好形象，突出城市的文化特色和品牌价值。通过精心策划的宣传内容和活动，在公众心目中树立城市的美誉度，吸引更多的游客、投资者和居民。

3.要吸引游客和观众

宣传与推广的一个重要目的是吸引游客和观众参观、体验和享受城市

的文化活动和景点。多渠道的宣传可以将信息传递给潜在的游客和观众，引导他们到城市去探索、体验和消费。

4.要促进城市经济发展

通过宣传和推广城市的文化资源和活动，可以吸引更多的商业投资、提升旅游收入，促进文化创意产业发展，从而推动城市的经济发展和就业机会的增加。

5. 要增强城市的认同感

多渠道宣传与推广可以增强居民对本地文化的认同感和自豪感，让他们更有参与感和归属感。这种认同感可以促进城市的凝聚力和社会和谐，进一步推动城市文化的繁荣和发展。

总而言之，对城市文化进行多渠道的宣传与推广，目的是通过全方位的宣传手段和策略，提高公众对城市文化的认知度、兴趣和参与度，实现城市文化的发展和繁荣。

二、多渠道宣传与推广城市文化的价值和意义

多渠道宣传与推广城市文化具有重要的价值和意义，主要通过以下几方面体现。

1. 传承和弘扬城市文化

多渠道宣传与推广城市文化可以帮助保护、传承和弘扬城市的独特文化遗产和传统价值。通过展示城市的历史、风土人情、艺术表达等，可以

让更多人了解和欣赏到城市的文化魅力，从而促进文化的传承和发展。

2. 增强城市的吸引力和竞争力

良好的城市文化是吸引游客、投资者和居民的重要因素之一。多渠道宣传与推广城市文化不仅对吸引外部资源和推动城市经济的发展非常重要，还可以提高城市的知名度和形象，增加城市的吸引力和竞争力。

3. 促进旅游业和文化创意产业发展

城市文化的多渠道宣传与推广对旅游业和文化创意产业的发展具有积极影响。通过展示城市的文化活动、景点和特色项目，能够吸引更多游客参观和消费，促进旅游业的繁荣发展。同时，宣传和推广城市文化也可以激发创意和想象力，推动文化创意产业的发展。

4. 促进社会融合和共享

多元文化是城市的重要特征之一。通过多渠道宣传与推广城市文化，可以鼓励不同背景、不同族群的人们相互了解和交流，促进社会融合和共享。这有助于增加城市的凝聚力，营造和谐的社会氛围。

5. 增强居民自豪感和归属感

城市文化的多渠道宣传与推广可以增强居民对本地文化的自豪感和归属感。通过参与城市文化活动、分享文化故事等形式，居民更能够认同自己所在城市的独特魅力和个性，从而增强对城市的认同感和满意度。

总而言之，多渠道宣传与推广城市文化具有重要的价值和意义，可以促进文化传承与发展，促进社会融合与共享，增强城市的吸引力和竞争力，增强城市居民的自豪感和归属感,推动旅游业和文化创意产业的发展。这对于城市的发展、繁荣和城市居民的幸福感都是至关重要的。

三、多渠道宣传与推广城市文化的关键要素

对城市文化进行多渠道的宣传与推广,需要考虑以下几个关键要素。

1. 多样化的媒体平台

关键要素之一是利用多种媒体平台进行宣传和推广。这包括传统媒体(如电视、广播、报纸),以及新兴媒体(如社交媒体、在线平台等)。通过在不同的媒体平台上展示城市文化的独特魅力和吸引力,可以覆盖更广泛的受众群体。

2. 强有力的内容营销

关键要素之二是要有具有吸引力和品质的内容。高质量的内容可以吸引目标受众的注意和兴趣,激发他们对城市文化的好奇心和参与度。内容可以包括城市的历史文化介绍、艺术表演、文化活动的报道、名人故事等,需要精心策划和制作。

3. 合作伙伴与联合推广

关键要素之三是与其他相关机构和品牌进行合作,共同推广城市文化。通过与旅游机构、艺术团体、媒体、品牌等开展合作,可以互相交换资源和互利合作,扩大宣传的影响力和覆盖面。合作伙伴可以提供更多的渠道和平台,以及专业的支持和经验。

4. 创新的宣传方式和活动设计

关键要素之四是创新的宣传方式和活动设计。通过设计有趣、独特和与城市文化相关的活动，吸引公众的参与和互动。例如举办文化展览、艺术节、演出等活动，组织城市文化体验游等，可以让人们全方位地感受和体验城市的文化魅力。

5. 持续性的推广策略

关键要素之五是持续性的推广策略。宣传和推广城市文化需要持续不断地进行，而不仅仅是一次性的活动或宣传。持续性的推广策略可以建立起长期的品牌形象和认知度，使城市文化成为持久的话题和关注点。

总而言之，多渠道宣传与推广城市文化的关键要素包括多样化的媒体平台、强有力的内容营销、合作伙伴与联合推广、创新的宣传方式和活动设计，以及持续性的推广策略。这些要素共同作用，可以提升城市文化的宣传效果和影响力，实现文化的传承、发展和繁荣。

四、多渠道宣传与推广城市文化的策略

在当今数字化时代，媒体传播方式已经进入了一个全新的阶段。在城市文化的宣传与推广过程中，多渠道的宣传策略是至关重要的。多渠道宣传与推广方式主要包括媒体传播、联合宣传、活动宣传、平台推广、口碑传播等。

1. 媒体传播

主要是通过传统媒体、社交媒体和户外媒体等进行全方位的宣传。传统媒体主要是通过电视、广播、报纸、杂志等传统媒体进行宣传推广。可以邀请媒体记者进行采访报道，发布新闻稿件或专题报道，以展示城市文化的特色和亮点。社交媒体主要是利用社交媒体平台如微博、微信公众号

等，在线发布文化活动信息、图片、视频等。可以定期更新内容，与粉丝互动，吸引更多关注和参与。户外媒体主要是通过在城市主要街区、商业中心、地铁站等公共场所通过灯箱广告、张贴海报等形式进行宣传，以吸引大众的关注。

2. 联合宣传

主要是通过与知名品牌企业、旅游机构等合作对城市文化进行宣传推广。与知名品牌企业建立合作，通过品牌赞助或广告投放等方式进行联合宣传。这样可以借助品牌的影响力和资源，扩大城市文化的曝光度和认知度。与旅游机构合作，主要是通过将城市文化纳入旅游推广活动中，对城市文化进一步宣传推广。例如，在旅游宣传册、导览图等资料中，突出介绍城市的文化景点和文化体验项目等。

3. 活动宣传

通过举办具有代表性的文化与艺术活动，如文化博览会、艺术展览、音乐会、民俗表演、手工艺品展销等活动，营造热烈的文化交流氛围，吸引大批游客和媒体关注，可以通过现场宣传和媒体报道等将城市文化推向更广泛的受众。

4. 平台推广

利用线上平台进行宣传，也是宣传和推广城市文化的有效措施。在官方平台、文化交流平台、娱乐平台等线上平台进行宣传，对城市文件建设相关工作动态、文化项目、文化活动等进行宣传推广，如提供详细的活动信息、票务购买渠道等，方便用户参与和了解。

5. 口碑传播

口碑传播主要是通过提供优质的文化体验和服务，让参与者成为文化的传播者，这样的传播方式往往更具说服力。可以通过口口相传、社交媒体分享、评价和推荐等方式，将城市文化推荐给亲友和更多的人。

以上是一些常见的多渠道宣传与推广方式。在实施过程中，需要根据目标受众、预算和资源来选择合适的渠道，并进行有效的组合和整合，以达到最佳的宣传效果。

第四节 加强国际交流合作

加强城市的对外交流合作是指通过与其他城市或国家建立广泛的合作关系，促进双方在文化、经济、科技、教育、城市治理等领域的交流与合作。具体来说，加强对外交流合作包括文化交流、经济合作、科技创新、教育合作、城市治理合作、人文交流等方面。

文化交流主要是通过艺术展览、文化节庆、文化遗产保护与传承等活动，促进不同城市之间的文化交流与传播。这有助于增进彼此的了解和尊重，推动文化多样性的发展。经济合作主要是通过开展贸易、投资、产业合作等形式，促进城市之间的经济交流与合作。这可以促进资源共享、市场拓展，提升本地经济的竞争力和发展水平。科技创新主要是通过科研机构、高校、企业等之间的合作与交流，推动科技创新的进步。科技创新涵盖了科学研究、技术开发、技术转移、人才培养等多个方面，目的是提高城市的科技创新能力。教育合作主要是通过学术交流、教学资源共享、学生互访、跨校联合办学、教育项目合作等方式，促进城市之间的教育合作。这有助于提高教育质量和水平，培养国际化人才。城市治理合作主要是通过与其他城市的交流与学习,共同研究解决城市发展中的共性问题,提升城市规划、环境保护、交通运输、公共服务等方面的治理能力。人文交流主要是通过青年交流、友好城市推进、旅游交流等形式,促进城市居民之间的相互了解与友谊。这有助于增进不同国家和民族之间的互信与友情。

总而言之,加强城市对外交流合作可以实现资源的共享与互补,推动城市的可持续发展,促进国际社会的和谐与进步。对外交流与合作是一种开放、包容的合作方式,能够为城市带来更多机遇与发展空间。

一、加强城市国际交流合作的目的

加强城市对外交流合作的目的是多方面的,其主要目的是促进文化交流与传播、扩大经济合作与发展、推动科技与创新、促进教育与学术合作、加强城市治理能力、增进不同国家、不同地区、不同民族人民之间的友谊与互信。通过对外交流合作,可以推广和传播本地城市的文化,让更多的人了解和欣赏本地的艺术、音乐、舞蹈、文学等。同时,也有助于本地文化的活力和创新。对外交流合作可以为本地经济带来机遇和发展。通过吸引外国投资、开拓海外市场、促进贸易合作等方式,可以增加经济的活力和增长,提升城市的国际竞争力。对外交流合作有助于加快科技与创新的进步。与其他国家或城市的科研机构、高校和企业开展合作,可以共享资源和技术,推动科技成果的转化和应用,促进本地创新能力的提升。对外交流合作能够促进教育和学术领域的合作与发展。通过与外国高校、研究机构的交流与合作,可以提高本地教育水平和学术研究水平,培养更多的国际化人才。通过与其他城市的交流合作,能够学习借鉴先进的城市治理经验和做法,提升城市自身规划、环境保护、公共服务等方面的运营与管理能力，进而促进城市可持续发展能力的提升。对外交流合作还有助于增进不同国家、不同地区、不同民族人民之间的友谊和互信。通过文化与学术交流等活动，能够促进彼此间的相互了解和尊重，减少误解和偏见，建立更加和谐的国际社会关系。

总而言之，加强城市对外交流合作的目的是促进文化交流、扩大经济合作、推动科技与创新、促进教育与学术合作、加强城市治理能力以及增进不同国家、不同地区、不同民族人民之间的友谊与互信。这将有助于城市的发展和国际影响力的提升。

二、加强城市国际交流合作的价值和意义

加强城市的对外交流合作具有重要的价值和意义。

1. 促进文化的多样性

通过与其他城市的对外交流合作，可以促进不同地区城市文化之间的对话和理解，促进文化的多样性发展。这有助于打破文化壁垒，促进跨文化交流与融合，丰富本地城市的文化内涵。

2. 提升城市的形象

对外交流合作可以为城市树立积极、开放、包容的形象。通过展示本地城市的文化遗产、艺术创造、创新能力等，可以吸引更多外国游客、投资者和人才的关注和兴趣，提升城市的国际知名度和竞争力。

3. 促进城市经济发展

对外交流合作可以带动本地经济的发展。通过吸引外国投资、扩大

出口市场、推动文化创意产业的发展等，可以创造就业机会、增加税收收入，并推动本地经济的增长。

4. 加强城市的学术与科技合作

对外交流合作为城市的学术界和科技领域提供了更广阔的合作平台。通过与国外的学术机构、研究中心和科技企业合作，可以开展共同研究项目、人才培养、科技交流等，推动学术和科技的创新与进步。

5. 促进城市治理能力的提升

对外交流合作可以促进城市治理能力的提升。通过学习和借鉴其他城市的经验和做法，可以改进本地的城市规划、环境保护、公共服务等方面的管理与运营，提高城市的可持续发展能力。

6. 增进人民友谊和互信

对外交流合作有助于增进不同国家、不同地区、不同民族人民之间深厚的友谊，也能够建立起彼此间的友好合作和相互信任。通过文化交流、教育合作、青年交流等活动，可以加深相互了解和友好感情，减少误解和偏见，为国际社会的和平与稳定做出贡献。

总而言之，加强城市对外交流合作的价值和意义体现在促进文化多样性、提升城市形象、促进经济发展、加强学术与科技合作、提升城市治理能力及增进人民友谊和互信等多个方面。这将为城市的可持续发展和国际交往带来长远的利益与影响。

三、加强城市国际交流合作的关键要素

加强城市对外文化的交流合作，需要考虑以下几个关键要素。

1. 策略规划

制定明确的对外交流合作策略和目标。这涉及确定合作伙伴、重点领域和具体项目，以及时间表和预算等方面的规划。策略规划需要综合考虑本地城市文化的特色与需求，以及国际合作的机会和优势。

2. 合作伙伴

建立稳固的对外合作伙伴关系是推动城市对外交流合作的基础。这包括寻找和选择适合的合作伙伴，如其他城市、文化机构、学术机构、媒体等。合作伙伴应具有共同的愿景和目标，并能够互相补充和支持。

3. 交流平台

建立有效的交流平台，促进信息流动和合作对话。这可以通过搭建线上或线下的交流平台来实现，如专门的交流网站、论坛、研讨会、文化交流活动等。交流平台要兼顾信息传递、资源共享和合作项目的推进。

4. 资源整合

整合各类资源，包括人力、财力和物力等，以支持对外交流合作的实施。这可能涉及政府的财政支持、企业的赞助和捐赠、社会组织的参与等。资源整合需要确保有效的管理和使用，以最大化合作成果。

5. 文化创新

鼓励文化创新，为对外交流合作带来新的亮点和吸引力。这可以包括推动跨文化艺术创作、推出具有国际影响力的文化活动、引进外国优秀艺

术家和文化项目等。文化创新是促进城市对外交流合作可持续发展的重要驱动力。

6. 评估改进

定期评估对外交流合作的成效，并根据评估结果进行不断改进和调整。这可以通过收集反馈意见、开展调研、进行案例分析等方式来实现。持续评估与改进可以帮助提高合作的效率和效果，推动城市对外交流合作取得更好的成果。

总而言之，加强城市对外交流合作的关键要素包括策略规划、合作伙伴关系、交流平台、资源整合、文化创新及持续评估与改进。这些要素相互关联、相互促进，共同推动城市对外交流合作的发展和成果。

四、加强城市国际交流合作的策略

加强对外交流合作是宣传和推广城市文化的另一个重要途径，可以通过以下方式实施。

1. 建立友好的城市关系

与其他国家或地区的城市建立友好城市关系，引入外来文化元素并丰富本地文化资源，通过互访、交流项目和活动，增进彼此间的了解，进而建立深厚的合作友谊，促进文化的交流与合作。

2. 参与其他城市或国家的文化交流活动

积极参与国内外文化交流活动，并借助此平台展示本地城市文化的独特性和魅力。例如，可以通过组织文化艺术表演团体巡展，派遣研究学者、艺术家进行文化、艺术等方面的交流与研讨，或是参加文化博览会、参观文化艺术展览等形式，推进与其他城市地区的文化交流与项目合作。

3. 开展国际文化交流项目

与其他国家或地区的文化机构、学术研究机构等开展文化交流项目。可以通过组织文化讲座、策划文化艺术展览、建立研究合作项目等形式，加深相互了解，促进文化和艺术的创新与发展。

4. 利用国际媒体和在线平台

利用国际媒体和在线平台扩大城市文化的国际影响力。通过发布城市文化相关的报道和文章，吸引国际受众的关注。同时，在国际知名的在线平台上展示城市文化的特色和亮点，吸引国际游客的兴趣和到访。

5. 举办国际性文化活动

主办或参与国际性的文化活动，吸引国际艺术家、学者和观众的目光。例如，可以举办国际文化节、国际文化博览会、国际文化论坛、国际艺术展览等，为国际交流提供平台，推广本地城市文化，并促进不同文化间的对话和交流。

6. 提升国际文化形象

通过培养国际文化形象大使来提升城市的国家文化形象。培养并选拔具有国际视野和跨文化沟通能力的人才，成为城市文化的国际代表和文化大使。他们可以在国际舞台上展示本地城市文化的独特魅力，开展交流与合作，增进外国友人对城市文化的了解和认同。

通过加强对外交流合作，城市文化可以更好地与世界连接，借助国际影响力进一步推广和宣传。同时，对外交流合作也为本地文化注入新的元素和创意，促进文化的融合与发展。因此，加强对外交流合作是扩大城市文化影响力和提升国际知名度的有效策略。

总而言之，对外交流合作为城市提供了展示本地文化的机会，通过各种文化活动和交流项目，可以向世界展示城市独特的文化魅力。通过与其他城市或国家的合作，可以将本地的文化元素传播到其他地方，增加城市的知名度和影响力。对外交流合作不仅能够推广和宣传本地文化，也能够为城市注入新的元素和创意。通过与外国艺术家、文化团体的合作，可以引入新的观念、新的艺术形式和表现方式，丰富本地文化的内涵。这种文化的融合与发展有助于激发创造力和想象力，推动本地文化的创新与进步。

第五章 城市文化体系融合创新

城市文化体系的融合创新是一个综合性的过程，旨在将不同的文化元素、价值观和创意理念相互融合，形成独特而充满活力的城市文化。这种融合创新可以促进文化多样性、推动城市发展，并且能够为大众带来更加丰富和有意义的文化体验。城市文化体系的融合创新具有重要的意义，能够对城市发展产生重要影响。它的价值主要体现在传承和保护文化遗产、促进多元文化的交流与融合、增强城市的吸引力和竞争力、丰富城市居民的文化生活、推动城市经济发展等方面。

城市作为一个多元文化的聚集地，融合创新可以促进不同文化之间的交流与融合。通过吸纳和整合不同文化元素和价值观，城市文化体系能够更加丰富多彩，同时也能增强社会凝聚力和社会认同感。城市文化体系的融合创新可以培育文化创意产业，推动文化创意产业的发展，为城市经济社会发展注入新的活力和动力。通过创新的文化产品和项目，城市能够吸引更多的文化旅游、文化消费和文化创意企业，促进就业增长和经济繁荣。一个独特而有活力的城市文化体系，能够提升城市的国际形象和吸引力。通过融合创新，城市能够展现出自己的独特魅力和文化个性，吸引更多游客、投资者和人才前来参与和贡献。城市文化体系的融合创新能够为居民提供更加丰富和有意义的文化生活。通过举办各种文化活动、提供艺术表演和展览，以及创建具有创意氛围的公共空间，居民能够享受到多样化的文化体验，增强生活品质和幸福感。融合创新可以促进对城市的历史遗产和传统文化的传承与保护。通过将传统文化与现代创意相结合，使得文化遗产得以焕发新的生命力，并在现代社会中得到更好的传播和发展。

总而言之，城市文化体系的融合创新不仅能够丰富城市的文化内涵，还能够传承和保护文化遗产、提升城市形象、丰富城市居民的文化生活、推动城市经济社会发展。这种融合创新是一个综合性的过程，需要不断地进行探索和实践，以实现城市可持续发展和人民幸福生活的目标。

第一节 城市文化体系构建思路

城市文化体系的构建对于城市的发展有着重要且深远的影响。城市文化体系的构建能够丰富城市的文化内涵，传承和保护文化遗产，提升城市形象，推动城市经济社会繁荣发展，增进城市居民的文化认同感和自豪感，提升城市居民文化生活的品质和幸福感。城市文化体系的构建需要城市各方共同努力，通过多元合作与创新思维，构建一个繁荣、有活力且富有魅力的城市文化体系。

城市文化体系构建的融合创新思路

构建城市文化体系的融合创新是一个综合性的过程，需要全方位立体式综合考虑，以下几方面能够用来推动城市文化体系的融合创新。

1. 文化资源整合

在城市的发展过程中，整合文化资源是至关重要的。这涵盖了城市内部和外部的各种文化元素，如历史遗产、艺术作品、文学作品和传统技艺等。通过对这些文化资源进行研究、保护、展示和利用，可以促进不同文化元素之间的交流和融合。

城市文化资源的整合需要有一个全面的策略和规划，主要包括制定文化保护相关政策和法规、建立文化机构和组织等，主要负责保护、研究、展示和管理文化资源。城市的文化资源整合主要包括城市内部文化资源整合和城市外部文化资源融合两方面。

（1）将城市内部的文化资源整合起来，主要包括对历史建筑和古迹的保护和修复工作，确保它们得以保存下来，并向公众开放。应该支持和鼓励当地艺术家和作家创作和展示他们的作品，以展现城市的多样性和独特性。同时，传统技艺也应得到重视和保护，例如，手工艺品和传统工艺等，这些都是城市文化的重要组成部分。

（2）城市需要与外部的文化资源进行融合，主要是与其他城市、国家甚至全球范围内的文化元素进行交流和合作。可以通过举办国际文化艺术节、展览和演出等活动来吸引更多的文化资源，并促进跨文化的融合。同时，还可以与其他城市建立文化交流项目，如姐妹城市计划等，共同探索和推广各自城市的文化资源。

总之，通过整合城市内部和外部的文化资源，可以促进不同文化元素之间的交流和融合。这将为城市的发展提供新的动力，并丰富人们的生活体验。

2. 跨界合作创新

为了推动城市文化的发展，鼓励不同领域和行业之间的合作与创新是至关重要的。通过将设计、科技、音乐、表演等不同领域进行跨界融合，可以建立多元化的文化项目，创造出更富创意的文化产品。

跨界合作创新主要包括开展跨界合作交流、建立跨界合作项目、搭建跨界合作平台等形式。

（1）开展跨界合作交流是促进不同领域之间知识和经验交流的有效途径。例如，在设计和科技方面，可以利用先进的技术手段来打造独特的艺术品和装置。这种跨界合作交流能够带来新的想法和创意，并为城市文化注入更多的活力和创新性。

（2）建立跨界文化项目是创造多样化文化产品的重要手段。通过将音乐、表演、视觉艺术和数字艺术等不同领域进行融合，可以打造独特的文化体验和活动。例如，将音乐和舞蹈结合起来，创造出具有戏剧性和互动性的演出；或者将科技与视觉艺术相结合，创造出令人惊叹的虚拟现实艺术作品。这些跨界融合文化项目吸引着不同群体的观众，并为他们带来更加新鲜和更具创意的体验。

（3）搭建跨界合作平台能够促进城市新兴产业和经济的发展。例如，在设计和科技领域的跨界合作能够推动新兴产业的发展，如数字艺术、虚拟现实和互动媒体等。这些新兴产业不仅可以提供更多就业机会，还可以为城市经济带来新的增长点。因此，为促进跨界合作与创新，需要搭建跨界合作平台，例如，可以设立文化创意产业园区或创意孵化器，为不同领域的创意人才提供场地和资源，促进其合作发展。同时，还可以举办跨界创意交流活动，如论坛、工作坊和展览等，为不同行业的从业者搭建交流和合作的平台。

总之，跨界合作与创新是推动城市文化发展的重要手段。通过将设计、科技、音乐、表演等不同领域进行融合，可以创造出多元而富有创意的文化产品和项目，丰富人们的文化生活，推动城市产业的发展。

3. 多元文化共生

在城市的发展中，重视和尊重各种不同文化背景的人们在城市中的共存和相互影响是至关重要的。通过提供公共空间和平台，鼓励多元文化群体之间的交流、合作和互动，可以实现多元文化的共生与发展。

（1）多元文化共生发展需要包容性的公共空间，这意味着城市应该为各种文化群体提供开放、友好和安全的公共场所。这些场所可以是公园、广场、图书馆、艺术中心等，让人们可以自由地参与社交活动、展示和体验各种文化表达形式。此外，还可以举办多元文化节日和活动，吸引不同地区和文化背景的人参与其中，促进文化的交流，增进彼此间的了解和尊重。

（2）搭建多元文化交流的平台是至关重要的。通过建立文化交流中心、社区组织或在线平台等，可以促进不同文化群体之间的交流和合作。这些平台可以为人们提供展示和分享自己文化的机会，同时也可以促进跨文化的对话和理解。例如，举办文化展览、音乐会、讲座等活动，让人们能够接触到不同文化的思想和艺术，拉近彼此之间的距离。

（3）教育也是促进多元文化共生发展的重要途径。通过开展多元文化教育，能够增强人们对不同文化背景的理解和尊重，主要包括多元文化的历史、价值观和传统，培养学生的跨文化交流和合作能力。通过教育可以培养出具有开放心态和多元文化意识的民众，为多元文化的共生发展奠定基础。

（4）政府和社会组织应该积极支持多元文化共生发展。这主要包括制定相关政策和法规，加强文化多元性的保护和推广。同时，还应提供经济支持和资源，支持多元文化活动和项目的开展。政府和社会组织还可以设立文化交流基金或奖学金，支持文化交流的研究和项目。

总之，通过重视和尊重不同文化背景的人们在城市中的共存和相互影响，可以实现多元文化的共生发展。为多元文化提供公共空间和平台，鼓励多元文化群体之间的交流、合作和互动，是促进多元文化共生发展的关键。这将为城市带来丰富多彩的文化景观，并增进人们的文化认同感和社会凝聚力。

4. 发展创意产业

为了推动城市文化的创新和经济增长，支持和培育创意产业是至关重要的。为创意从业者提供资源和创业环境，能够促进创新项目和创意产业的发展。

（1）为促进创意产业的蓬勃发展，政府部门应制定完善相关政策和法规，支持扶持创意产业。这包括简化创意产业从业者的注册和审批程序、提供税收优惠和财务支持、鼓励投资和创新项目的发展等。政府部门还可以通过组织创意产业展览、活动等形式，提升创意产业在城市经济发展中的地位和影响力。

（2）创业环境对于创意产业的发展至关重要。城市应提供适合创意产业发展的空间和设施，如艺术工作室、创客空间和设计中心等。这些地方可以成为创意从业者交流和合作的场所，也可以成为他们展示和销售产品的平台。同时，还应鼓励企业和学术机构进行合作，通过合作共赢，推动文化创新和技术创新的结合，进而共同推动创意产业的发展。例如，建立产学研合作项目，建立创意产业与科技、工程等领域进行跨界合作项目等。

（3）支持创意从业者是创意产业发展的关键，可以为他们提供创意教育和培训机会，帮助年轻人培养创意思维和技能。政府部门和社会组织还可以通过设立创意基金或提供贷款和资助等形式，支持创意从业者的创业和项目开展。这些支持措施可以鼓励更多的人投身创意产业，并为他们提供必要的资源和支持。此外，创意产业的发展也需要与其他行业和领域进行合作。例如，与科技、旅游和媒体等行业进行合作，创造出更具创新性和市场竞争力的产品和服务。通过创意产业和其他行业的融合，可以实现多方面的合作和互利共赢。

总之，支持和培育创意产业是推动城市文化创新和经济增长的重要手段。通过为创意从业者提供资源和创业环境，推动创新项目和创意产业的发展，可以为城市带来新的经济增长点，并丰富人们的文化体验。政府、企业和社会组织应共同合作，制定相关政策和提供支持，推动创意产业的蓬勃发展。

5. 创新教育培训

为了促进多元文化和创意创新的发展，可以提供多元文化、创意创新等方面的教育和培训。通过开展文化课程、创意工作坊、传统技艺传承等活动，可以培养人们的创造力、文化意识和跨文化理解能力。

（1）创新教育是培养创造力和创新思维的重要途径。在当今快速发展变化的社会环境中，培养学生的创新能力变得至关重要，现代的创新教育已将学生置于创意思维的核心。因此，可在学校里开设多元文化和创意创新方面的课程，让学生接触到不同文化背景下的历史、思想和艺术。通过课程激发学生的创造力，拓宽学生的视野，加深学生的理解能力，提升学生的创新能力。还可以通过开设创新创业课程的形式，培养学生的创新思维、创造能力和创业能力，为他们未来的职业发展做好准备。

（2）建立创意交流载体是培养创意思维和技能的有效方式。例如，建立创意工作坊。通过组织创意工作坊，能够学习和实践各种创意技巧和方法。例如，绘画、设计、编程、音乐等，工作坊可以帮助人们培养创意表达和艺术创作的能力。也可以举办跨文化交流的工作坊，使人们了解并学习更多的文化艺术形式。同时，传统技艺的传承也是培养文化意识和创意能力的重要途径。通过组织传统技艺的培训班和工作坊，可以帮助人们了解和学习传统技艺的精髓和技巧。这不仅有助于传承和保护传统文化，还可以为当代艺术和设计提供灵感和素材。

（3）还可以利用现代科技手段，丰富线上教育形式，来支持创新教育和培训。例如，通过在线课程和虚拟实验室，人们可以随时随地学习和实践各种创意技能。这样可以打破时间和空间的限制,让更多的人参与到创新教育和培训中来。

总之,通过创新教育和培训,能够培养人们的创造力、文化意识和文化理解能力。城市应该积极开展文化课程、创意工作坊、传统技艺传承等活动,为大众提供多元文化和创意创新教育和培训的机会。这将有助于推动城市文化的创新发展,并培养出具有创造力和文化传承能力的人才。

6. 打造公共空间

为了营造具有创意氛围的城市环境,打造公共艺术和文化空间是非常重要的。这些空间为艺术家和创意从业者提供了展示和表演的平台,并为人们带来多样化的文化体验。

(1)城市可以在公共空间中设置艺术装置、雕塑和街头艺术墙等景观。通过艺术装置等景观,将艺术融入城市的建筑和环境中,给人们带来视觉上的享受和思考。例如,街头艺术墙为艺术家提供了自由创作的空间,使城市变成一个巨大的艺术画廊。这些公共艺术作品与城市环境相互交融,不仅美化了城市,还激发了人们对艺术的兴趣和欣赏能力。

(2) 城市可以建立文化创意空间,如文化中心、艺术中心和创意社区等。这些场所可以提供展览、演出、工作坊和培训等活动,吸引艺术家、创意从业者和文化爱好者的参与。通过举办各种文化活动,如艺术展览、音乐会、戏剧表演和文化节日等,人们可以在这些文化空间中体验到各种形式的艺术和文化表达。

（3）城市还可以积极开展公共艺术项目，如艺术节、艺术竞赛和艺术街区等。通过这些项目，能够将艺术带到人们生活的每个角落，让艺术真正融入城市的街道、广场和社区中。这些项目不仅为艺术家提供了展示才华的机会，还为大众带来了更加丰富的文化体验。

（4）政府和城市规划者应制定有利于公共艺术和文化空间发展的政策和计划。这包括鼓励私人投资和合作，支持公共艺术和文化项目的建设和维护。同时，也需要制定相关规定和准则，确保公共艺术作品的质量和安全性，并遵循城市文化的特点，满足人们的需求。

总之，公共艺术和文化空间的打造可以为城市创造具有创意氛围的环境，并提供展示和表演的平台。通过在公共空间中设置艺术装置等景观，以及建立文化中心和创意社区等场所，可以为居民和游客带来多样化的文化体验。政府部门和城市规划者应积极推动公共艺术和文化空间的发展，营造一个充满活力和创意的城市。

7. 利用科技手段

在城市文化的创新和传播过程中，充分利用科技手段是非常重要的。通过将文化元素与科技相结合，如虚拟现实、增强现实和数字媒体等，可以创造出全新的创意表达形式和更好的文化体验。

（1）虚拟现实和增强现实技术可以为人们提供沉浸式的文化体验。通过使用虚拟现实设备或增强现实应用，人们可以身临其境般参观艺术展览、历史遗迹或文化场所。虚拟现实和增强现实技术的应用不仅能够打破时间和空间的限制，还可以使人有身临其境的感受，仿佛置身于各种文化活动和景观，激发人们的兴趣和好奇心，提升人们的体验感。

（2）数字媒体技术为文化的创意表达提供了更广阔的空间。随着科技的不断进步和数字化时代的到来，数字文化艺术产品成为艺术家、设计师和创意从业者们表达创意的新方式。通过使用数字媒体工具和软件，他们可以创作出更多的数字文化产品和多媒体艺术作品。例如，可以将视频、音频、图像和动画等元素相融合，打造出富有创意和想象力的数字艺术作品，为观众带来更丰富多样的文化体验。数字文化艺术产品在当今社会中起着重要的促进作用，推动着艺术和创意文化产业的发展。

（3）利用科技手段还可以实现文化的互动和参与。通过社交媒体、手机应用和在线平台等，人们可以参与到文化活动的组织和讨论中来。例如，可以通过在线投票或评论，让民众参与到文化项目的决策和评选中。这样不仅能够增强居民对城市文化的参与感，还能够根据民众的需求和反馈进行相应的调整和改进。政府部门和城市规划者也应积极推动科技在城市文化领域的应用和创新，应尽可能地提供支持和资源，鼓励艺术家和科技企业之间的合作和创新。例如，可以设立科技创新基金，资助文化与科技结合的项目和实践等。

此外，还可以通过举办科技艺术展览和创新竞赛等形式，鼓励更多的人参与到科技与文化的融合中来。

总之，利用科技手段将文化元素与科技相结合，可以创造出全新的文化体验和创意表达形式。虚拟现实、增强现实和数字媒体等技术为人们提供了科技感十足的沉浸式文化体验。与此同时，这也为艺术家和创意从业者们提供了更广阔的创作空间。因此,应积极推动科技与文化的融合,以促进城市文化的创新发展,并为城市居民带来更加丰富多样的文化体验。

8.加强对外交流

加强对外文化交流与合作对于城市文化的发展至关重要。政府和文化管理部门应制定有利于国际交流与合作的政策和措施,为国际交流合作提供支持和资助,鼓励文化机构和艺术家参与国际文化交流与合作。通过与其他城市或国家建立合作关系,吸收其他文化的智慧和创意,推动城市文化的融合与发展。

(1)城市可以与其他城市或国家的文化机构建立友好交流关系。通过签订合作协议、举办文化交流活动和互访等方式,可以促进双方文化之间的了解和合作。例如,可以组织艺术家交流计划,邀请国外艺术家来到本地参观、创作和展览等。这样可以为当地居民带来新鲜的文化体验,同时也可以将本地艺术和文化推广给国际观众。

(2)城市可以与其他城市或国家的研究机构、学者或艺术家等建立专项合作项目。通过共同研究、举办学术会议和策划联合项目,加强不同文化之间的学术交流和创意碰撞。例如,可以合作开展艺术展览、文化节和文艺演出,共同探索创新的艺术形式和表达方式。不仅能够为城市带来更多的国际文化资源和学术智慧,还能够推动城市文化的国际化发展。

(3)城市应注重搭建文化交流平台,为对外合作对接和信息交流提供便利。例如,可以通过组织或参与国际文化活动等形式,扩大国际交流合作范围。依托组织或参加国际艺术节、文化论坛、展览会等形式，充分展示城市的文化和艺术发展现状及成果，促进城市国际知名度和影响力的提升，进而吸引更多的国际文化资源和合作机会。

总之，积极参与国际文化交流与合作是推动城市文化跨国融合与发展的重要途径。通过与其他城市或国家的文化机构、艺术家和学者建立合作关系，可以进行交流、合作和借鉴，吸收其他文化的创意和智慧。政府和文化管理部门应提供支持和资助，建立相关的交流平台和网络，促进国际交流与合作的顺利进行。这将为城市文化带来新的动力和活力，并推动城市文化的国际化发展。

城市文化体系的融合创新是一个持续发展的过程，需要不断地探索和实践，同时也需要充分尊重和保护各个文化的独特性和多样性。通过创造包容性和开放性的环境，吸纳和融合不同文化的创意和智慧。通过将不同的文化元素和创意理念融合在一起，城市文化才能够焕发出更加丰富、多元和具有竞争力的魅力，为城市的发展和居民的生活增添无限可能。以上思路和方法可以灵活运用，结合城市的特点和需求进行定制化的实施。通过多方面的努力和创新，城市文化体系才能够更好地融合创新。

第二节 打造城市特色品牌形象

城市特色品牌形象是城市文化体系的重要组成部分，成功地打造城市特色品牌能够凸显城市的独特魅力和特色，塑造城市特色品牌形象，可以有效地区分城市与其他竞争对手之间的差异，提升城市的竞争力和知名度。

打造城市特色品牌形象是一项重要的工作，它需要漫长的周期。在打造城市特色品牌形象过程中，需要综合考虑城市的历史资源、文化资源、人文环境等多方面因素，并通过城市规划、市场营销及公共关系等手段来进行宣传与推广，从而实现城市的可持续发展和影响力的提升。打造城市特色品牌形象可以通过以下几方面探索实践。

1. 定位城市特色

确定城市的核心竞争力和独特卖点，找到与其他城市的区别和优势。例如，城市可以以历史文化、自然景观、产业特色或创新科技等方面作为定位，突出城市的独特魅力。

利用城市的历史文化作为城市的特色定位。城市可以通过弘扬悠久的历史文化成为独特的旅游目的地。古老的历史遗迹、丰富的传统节日和特色鲜明的民俗风情都能引起游客的兴趣。例如，我们可以发展历史街区，修复古建筑，打造具有浓厚历史氛围的景点，让游客体验到独特的历史文化魅力。利用城市的自然景观作为城市的特色定位。城市的自然环境也是一个重要的卖点。如果我们拥有得天独厚的自然条件，比如壮丽的山脉、秀美的湖泊、美丽的海滩等，那么我们就可以把这些自然景观作为城市的特色定位。例如，开发生态旅游项目，推出登山、徒步、滑雪等户外运动活动，吸引游客亲近大自然，感受城市独特的自然景观之美。利用城市的产业特色作为城市的特色定位。城市的产业特色也是定位城市的一种方式。如果我们拥有某些行业或产业的优势，我们可以将其作为城市的核心竞争力，并打造相关的主题公园、展览馆、科技创新中心等。例如，我们可以发展高科技、创意产业，建立科技园区，吸引企业和人才，推动城市的经济发展并提升城市的知名度。利用城市的创新科技作为城市的特色定位。城市还可以以创新科技为定位，打造智能城市或数字化城市的形象。通过引入先进的科技设施和智能化管理，提供便捷的生活方式和优质的公共服务，吸引高科技企业和年轻的创业者来到城市。例如，我们可以推出智能交通系统、智能家居、电子支付等，提升城市的科技水平，加强城市与科技创新之间的联系。

以上是一些有代表性的定位方式，每个城市都有其独特的资源和优势，因此，在选择定位时需要根据城市的实际情况来确定最适合的定位方式。但无论选择何种定位方式，都需要配合有效的宣传和营销策略，将城市的特色和优势传达给更多的目标受众。

2. 设计品牌标志

设计简洁、有力的品牌口号和标志，能够准确传达城市的核心价值和形象。这些口号和标志应该简单易记、具有辨识度，并能够引起人们的共鸣。

表达简洁明了。口号和标志要简单易懂，能够迅速传达城市的核心价值和形象。短小精悍的口号和简洁清晰的标志能够更容易被人们记住和理解。突出独特性。口号和标志应该与其他城市的品牌形象区分开来，具有独特性和辨识度。通过突出城市的特色和优势，让人们一眼就能联想到该城市。体现城市的核心价值。口号和标志需要能够准确传达城市的核心价值和形象，突出城市的独特魅力。这可以是城市的历史文化、自然景观、产业特色或创新科技等方面。能够引起共鸣。口号和标志应该能够引起人们的共鸣，让他们对城市产生兴趣和向往。它们应该能够激发人们的好奇心和探索欲望。

对于口号的设计，可以选择简洁、有力的词语或短句，强调城市的核心竞争力和独特卖点。例如，如果城市以历史文化为重点，可以选择"穿越时光，感受历史"；如果城市侧重于自然景观，可以选择"自然奇迹，心灵之旅"。对于标志的设计，可以使用简洁的图形或符号来代表城市的特色和优势。这些图形或符号应该与城市的定位相匹配，并且能够唤起人们对城市的联想。例如，如果城市以海滩和阳光为特色，可以设计一个简洁的太阳图形作为标志。

总而言之，好的品牌口号和标志应该是简洁、有力、独特，能够准确传达城市的核心价值和形象，并引起人们的共鸣和兴趣。

3. 提升城市形象

通过城市规划、城市建筑景观设计和城市环境整治等方式，提升城市的整体形象。主要包括改善绿化环境、城市建筑、交通设施和公共空间等，增强城市的美观度和宜居性，给人们留下深刻印象。提升城市形象是一个综合性的工作，需要通过城市规划、建筑设计和环境整治等方面的努力来实现。

（1）改善城市交通设施。确保交通系统的便捷性、安全性和高效性是提升城市形象的重要方面。可以进行道路改造、交通信号优化、公共交通网络扩展等，以缓解交通拥堵问题，并提供舒适便利的出行体验。

（2）绿化城市环境。加强城市的绿化工作，增加公园、花坛和绿化带等绿色空间，提升城市的生态环境质量。同时，注重植被的选择和养护，使城市更加美丽宜人，给居民和游客带来舒适感受。

（3）改善城市公共空间。注重改善城市的公共空间，如广场、步行街和人行道等。优化人车分流，创造一个舒适、安全和宜人的公共空间，为居民和游客提供休闲娱乐和社交活动的场所。

（4）规划城市建筑设计。在城市建筑的设计中融入当地的文化特色和历史传统，塑造独特的城市风貌。注重建筑的美学价值和功能性，打造标志性建筑物，不仅可以增强城市形象，还能吸引更多游客。

（5）重视城市环境整治。加大对环境污染的治理力度，推行垃圾分类处理、减排措施等，改善空气和水质，保护生态环境。同时，加强城市卫生管理，确保城市整洁有序。

（6）促进城市文化艺术发展。鼓励艺术活动、文化节庆和公共艺术品展示等，提升城市的文化氛围和艺术感受。这些活动可以丰富居民和游客的精神生活，也是提升城市形象的一种方式。

在提升城市形象的过程中，需要注重整体规划和协调发展。通过政府部门、企业和社会组织的合作，形成一个统一的推进机制，共同努力将城市打造成宜居、宜业和宜游的地方，给人们留下深刻的印象。

4. 举办特色活动

组织特色活动和节庆活动，展示城市的文化、艺术、体育等方面的特色。这些活动可以吸引游客，提升城市的知名度和形象，并为城市带来经济效益。举办特色活动和节庆是提升城市形象的重要手段之一，可以展示城市的文化、艺术、体育等方面的特色。

（1）举办文化节庆。组织传统文化节庆活动，如春节、清明节、中秋节等，展示城市的传统文化和习俗。还可以举办传统音乐演出、舞蹈表演、民俗游行等，吸引游客来体验独特的文化氛围。

（2）举办艺术展览。举办艺术展览和画廊展示，推动本地艺术家和作品的发展。如组织美术展览、摄影展、雕塑展等，让人们欣赏和了解当地的艺术创作。

（3）承办体育赛事。如马拉松、足球比赛、篮球比赛等，吸引运动员和观众来到城市。这不仅能够增加城市的知名度，还能为城市带来经济效益。

（4）举办音乐节和演唱会。举办音乐节和演唱会，邀请国内外知名音乐人来到城市演出。这样的活动可以吸引大量观众，增加城市的热闹氛围，并为当地酒店、餐厅和零售业带来商机。

（5）举办美食文化节。举办美食节和美食文化活动，展示城市的独特饮食文化。可以邀请当地餐厅参与，展示当地特色菜肴，吸引游客品尝当地美食。

（6）举办创意市集。举办创意市集和手工艺品展销会，提供一个展示本地特色产品的平台。这不仅能促进本地手工艺产业的发展，还能增强游客的购物体验。

在组织特色活动和节庆时，需要注重活动的策划和宣传。合理安排活动内容、时间和地点，确保能够吸引目标受众。同时，要充分利用社交媒体和网络渠道进行宣传，让更多人了解和参与到活动中来。通过举办特色活动和节庆，城市将展示其独特的文化魅力和活力，吸引游客，提升城市的知名度和形象，并为城市带来经济效益和发展机遇。

5. 加强媒体宣传

利用各种媒体渠道，包含了传统媒体和新媒体，宣传推广主要通过电视、广播、互联网等媒体渠道。这可以通过故事讲述、影像展示、新闻报道等方式，向外界介绍城市的特色、资源和发展机遇。加强传媒宣传是提升城市形象的关键措施之一。利用各种传媒渠道进行宣传推广可以向外界介绍城市的特色、资源和发展机遇，吸引更多人关注和了解城市。以下是一些加强媒体宣传的具体措施。

（1）利用电视和广播宣传推广。通过电视节目和广播电台来宣传城市的特色和发展机会。可以制作城市宣传片，展示城市的风景、文化、经济等方面，让观众对城市产生兴趣。同时，可以邀请专家学者或城市代表参与电视和广播访谈，深入了解城市的发展动态和优势。利用互联网和社交媒体宣传推广。

（2）利用互联网和社交媒体平台进行城市形象的宣传。可以创建城市官方网站和社交媒体账号，发布有关城市的新闻、活动、景点介绍等内容。此外，可以与旅游网站、地图应用程序以及旅行博客等合作，增加城市在网络上的曝光率，吸引更多潜在游客。

（3）利用讲好城市故事宣传推广。通过讲述城市的故事来吸引人们的关注，可以包括城市的历史传承、文化底蕴、创新发展等方面的故事。可以通过书籍、文章、纪录片等形式来展示城市的独特之处，并向外界传递城市的核心价值和形象。

（4）利用影像展示宣传推广。利用摄影、视频等方式展示城市的美景和特色，可以举办摄影比赛，邀请摄影师捕捉城市的独特瞬间，展示城市的美丽和活力。同时，利用影像展示在电视、网络和社交媒体上进行推广，让更多人看到城市的魅力。

（5）利用新闻报道宣传推广。与媒体合作，通过新闻报道来宣传城市的发展进展和成就。可以通过组织新闻发布会、提供新闻稿件和专题报道等方式，向媒体提供有关城市的信息，增加城市在媒体中的曝光率。

在加强传媒宣传时，需要注重内容的真实性和吸引力。宣传材料应该客观准确地反映城市的状况和特点，并具备一定的创意和吸引力，能够引起受众的兴趣和共鸣。通过加强传媒宣传，城市可以向外界展示自身的特色和潜力，提升城市的知名度和形象，吸引更多人的关注和投资。同时，这也为城市带来了更多的就业机会，促进了城市的经济发展。

6. 发展文旅产业

将发展旅游业作为打造城市品牌形象的关键领域之一。通过文化与旅游相融合，打造文化旅游项目、开发文化旅游线路、设计文化旅游产品、提供优质服务等，吸引世界各地更多的游客前来，领略城市的风采，体验城市的风土人情，感受城市文化的独特魅力。

根据城市的资源和特色，设计各类旅游线路，包括历史文化旅游线路、自然景观旅游线路等不同主题的线路。确保线路的丰富多样，能够满足不同游客的需求，迎合不同游客的兴趣。开发多样化的旅游产品，如旅游套餐、景区门票、导览服务等。同时，开发旅游周边文创产品，如钥匙扣、小胸针、小摆件等。注重创新和个性化，结合当地的文化、艺术、美食等元素，打造独特的旅游体验。注重提升游客的旅游体验，提升游客的满意度，加强服务质量和管理水平，包括提供舒适的住宿、便捷的交通、安全可靠且专业的导游服务等，确保游客在城市的行程中得到良好的服务和关怀。将历史建筑、古迹、博物馆等文化资源整合起来，重视对城市的化遗产进行保护和利用，打造旅游景点和文化体验的场所，让游客能够深入了解城市的历史和文化。通过各种渠道对旅游目的地进行宣传与推广，可以利用旅游博览会、展览会等活动，向业界和潜在游客介绍城市的旅游资源和优势。同时，加强网络宣传，提供详尽准确的旅游信息，吸引更多人前来旅游。与其他城市、旅游机构和企业进行交流合作，开展联合营销和推广活动。可以通过签订友好城市协议、举办旅游营销活动等方式，提升城市的知名度和影响力。

发展城市的旅游业不仅能够吸引世界各地更多的游客，还能为城市带来经济收益和就业机会，增加城市的知名度，提升城市的形象。因此，加强旅游业的发展和管理非常重要，需要政府、企业和社会各界共同努力，为游客提供安全、舒适、美好、难忘的旅游体验。

7. 建立合作伙伴

与其他城市、企业、组织建立合作伙伴关系，共同推广城市品牌形象。例如，可以通过签署友好城市协议、举办合作交流活动、开展联合营销等方式，扩大城市的影响力。建立合作伙伴关系是提升城市形象的关键措施之一，可以与其他城市、企业和组织建立紧密的合作关系，共同推广城市品牌形象。

与其他城市签署友好城市协议，建立长期稳定的合作关系。通过友好城市交流活动、文化交流和经济合作等方式，加强两个城市之间的联系和互动，为双方带来共同发展机遇。举办合作交流活动，如贸易洽谈会、文化交流、艺术交流、教育交流等活动，有助于促进城市间的相互了解和合作，扩大城市的影响力和交流范围。与其他城市、企业和组织合作，开展联合营销活动。可以共同举办营销推广活动、旅游路演、展览会等，在不同地区共同推广城市的品牌形象，吸引更多潜在游客和投资者。与其他城市、企业和组织共享资源和经验，可以合作开展项目，利用各自的优势和资源，推动城市的发展和创新。例如，在城市规划、环境保护、科技创新等方面进行合作，实现互利共赢。可以通过申请加入国际城市组织、参与国际会议和活动，与其他国际城市建立联系，推广城市形象和合作机会等形式，积极参与国际组织和平台，扩大城市的国际影响力。通过建立合作伙伴关系，城市可以扩大其影响力和合作范围，增加知名度和形象的传播。同时，合作伙伴关系还能带来更多的投资机会和发展资源，促进城市的经济增长和可持续发展。因此，建立合作伙伴关系是提升城市形象和吸引更多人关注的重要战略之一。

打造一个具有独特魅力和特色鲜明的城市品牌形象，能够更有力地吸引各方关注，推动城市的经济增长，促进城市的繁荣发展。

以沈阳城市为例，要打造沈阳的特色品牌形象，首先要在城市发展中明确自身城市特色定位，进行多维度挖掘，城市品牌形象的塑造应从原来的"重功能"向"重功能"与"强文化"并行的理念转换。在充分挖掘、提炼、转化城市文化元素的基础上，既要保持城市文化脉络的完整性和文化特色的传承性，还要赋予城市品牌形象时代特征和鲜明个性，使城市品牌形象折射出独特的气质，走在国内城市品牌建设的前沿。

（1）传承盛京文化，塑造沈阳历史城市品牌。沈阳是一座历史悠久的文化名城，中国历史上的清朝太祖努尔哈赤和太宗皇太极都曾在此建都，因此沈阳被称为"一朝发祥地，两代帝王都"，特殊的历史背景使沈阳形成了多元文化融合共生的盛京文化。盛京文化是沈阳经过悠久历史而积淀下来的文化，是沈阳城市文化中非常重要的、独特的、地域性的多元文化融合共生的形态，是沈阳城市特色品牌形象重要组成部分，为沈阳城市特色品牌形象注入了独特的地域多元文化魅力。其文化内涵丰富，具备非常突出的地域特色。将沈阳历史文化、地域文化相融合，将"盛京文化"打造为沈阳独特的品牌文化，对树立沈阳城市特色品牌形象具有重要意义。

（2）弘扬"六地"文化，塑造沈阳红色文化品牌。沈阳作为传承红色基因、赓续精神血脉、弘扬"六地"文化的城市之一，有着深厚且丰富的红色文化资源和爱国情怀。红色基因是革命精神的传承，在沈阳城市品牌形象的塑造过程中，更要利用好红色文化元素，充分发挥沈阳红色文化资源重要作用，传承和弘扬红色文化，使沈阳城市品牌形象更加丰满。

（3）凝练工业文化，塑造沈阳工业文化品牌形象。沈阳有着辉煌的城市工业发展史，作为老工业基地蕴含着深厚的工业文化资源。由于沈阳地处东北地区，自然环境比较恶劣，沈阳人形成了用自己顽强的生命力与大自然抗争的坚强乐观个性，将自强不息、勇于拼搏融入沈阳工业精神当中，并在工业建设浪潮中凝练形成了积极乐观、永不言败的劳动精神，成为沈阳这座城市的核心精神。这促使沈阳人在新中国工业建设中创造了无数的工业奇迹。沈阳工业精神能够体现沈阳人民的精神气质，在沈阳城市品牌形象塑造过程中融入工业文化元素，凸显城市特有的精神气质，使沈阳城市品牌形象更加特色鲜明。

（4）利用自然文化，塑造沈阳旅游城市品牌形象。一个地区的自然地理环境无论对城市的发展，还是对城市品牌形象的塑造都十分重要。沈阳城市品牌形象的形成与其所在地区地理特征、地域文化等都有着密切关联。随着城市的发展，其自然环境的传承与保护问题越来越受到重视，能够利用好城市的自然文化资源，对城市经济发展和品牌形象的塑造都具有重要意义。沈阳自然文化景观资源丰富多样，有许多风景优美的名胜景点，如棋盘山风景区、七星国家湿地公园、浑河西峡谷生态公园等，这些自然文化不仅具有较高的美学和科学价值，还在塑造城市品牌形象过程中起着不可替代的重要作用。

（5）发展新兴领域，塑造沈阳智慧城市品牌形象。城市品牌形象建设的基础源于文化，城市是文化的产物，文化是城市品牌形象塑造的生命力。在当今文化资源丰富、科技高速发展的时代，城市品牌形象塑造不仅要深度挖掘城市的历史文化和地域特色，还要积极推动和发展新兴文化产业等领域，在工业与城市化、信息与网络化、智能与数字化融合与复合的背景下，利用现代信息技术手段，促进城市的可持续发展。通过"智慧沈阳"建设，打造多维度的城市品牌形象，吸引受众眼球，提高城市经济发展水平，进而带动沈阳城市的发展。

如果说历史文化是沈阳的根基和灵魂，那么前沿科技文化就是血脉，使沈阳得以新生和延续。当代沈阳的发展，"智慧+"是前沿科技文化的载体，也是城市进步和更新的缩影。它在沈阳的文化传承和持续发展中起着重要的延伸作用，不容忽视。未来，沈阳应该专注于培育"文化+"的新动能，致力于提升文化创意产业的发展水平，加快将城市建设成为一个具有重要影响力的区域性文化创意中心。

第三节 建立城市文化符号系统

　　建立城市文化符号系统是为了塑造城市的独特形象和文化魅力，从而吸引人们的关注、提升城市的知名度和吸引力。塑造城市形象是通过建立城市文化符号系统实现的，能够传达城市的核心价值观和特色，形成独特的城市形象。这有助于让人们对城市有更深入的认识和了解，建立起对城市的认同感和归属感。建立城市文化符号系统可以提升城市的知名度。城市文化符号系统能够成为城市的代表性标志，使城市在国内外更加知名。当人们看到与城市相关的符号、图案或标识时，能够迅速联想到该城市的名字和特色。这有助于增加城市的曝光率和声誉，吸引更多游客和投资者前往。建立城市文化符号系统能够提升城市的吸引力，城市文化符号系统可以反映城市的文化底蕴、历史传承和创新发展，展示城市的魅力和个性。这有助于吸引人们的兴趣和好奇心，激发他们前来探索和体验城市的文化氛围，促进城市旅游业和文化产业的发展。

　　建立城市文化符号系统能够凝聚城市的认同感，当一个城市拥有独特且有吸引力的文化符号系统时，可以成为城市居民的象征和共同点。这有助于增强城市居民的归属感和认同感，使他们更加热爱，并引以为豪自己所居住的城市。建立城市文化符号系统还能够推动城市的发展，它不仅是一种形象营销手段，还能够推动城市的文化产业和创意经济的发展。通过利用和开发城市符号系统，可以激发创造力和创新思维，促进文化艺术创作、设计和品牌推广等活动，为城市带来经济增长和就业机会。

总之，建立城市文化符号系统在于通过传递城市的核心价值观，凸显城市的特色，塑造城市的形象，提升城市知名度、影响力和吸引力，增强城市的凝聚力和认同感，推动城市的社会发展。这需要政府、企业和社会各界共同合作，以创造性和创新性的方式表达城市的文化内涵和个性，打造具有影响力和可持续发展的城市品牌。

建立城市文化符号系统是为了突出城市的独特文化特色，增强城市的品牌形象和认可度。以下是一些建立城市文化符号系统的思路和方法。

1. 研究城市文化

要深入了解一个城市的文化，我们需要研究城市的历史、传统、艺术、民俗等方面的文化特点。通过这些研究和调研，我们可以找出与城市最相关和有代表性的文化元素。

（1）我们可以从城市的历史出发。通过城市的历史遗迹、古老建筑和博物馆等了解城市的起源和发展过程，以及重要的历史事件和人物，这能够帮助我们了解城市的文化根基。

（2）我们可以研究城市的传统。这包括城市的节日、庆典、习俗和传统手工艺品等。参与当地的庆祝活动或参观传统工艺品市场，可以让我们更直观地感受到城市的传统文化。

（3）我们应该关注城市的艺术领域。了解当地的艺术家、画廊、剧院和音乐场所，可以帮助我们了解城市的艺术氛围和创意产业。参观艺术展览或观看戏剧演出，可以欣赏到城市的艺术成就。

（4）我们要关注城市的民俗。民俗包括饮食文化、民间音乐舞蹈、民间故事传说等。品尝当地美食、参加民间音乐表演或听取当地居民的故事，可以更深入地了解城市的民俗文化。

在研究和调研过程中，我们应与学者、专家进行学习交流，应向当地居民了解情况，他们能够为调研提供宝贵的信息和见解。同时，我们还可以查阅历史记录、文献资料和旅游指南等，以获得更详细和全面的信息。通过深入研究城市的历史、传统、艺术和民俗，我们可以找出与城市最相关和有代表性的文化元素。这些文化元素将帮助我们准确地传达城市的独特魅力、吸引力和文化特色，进一步推动城市品牌形象的塑造和传播。

2. 确定核心符号

要选择一个具有代表性和辨识度的符号作为城市的核心标志，需要考虑它能否准确传达城市的核心价值和形象。这个符号可以是一个建筑物、雕塑、图案或颜色等。

（1）建筑物是城市文化中重要的元素之一。选择一座代表性建筑物作为城市的核心符号可以突出城市的特色和历史背景。例如，天安门作为北京的标志性建筑，代表着中国的历史与文化，并成为重要的政治和庄严仪式的举办地。

（2）雕塑也是一种常见的城市符号。雕塑艺术可以通过形状、材料和主题来表达城市的特色和价值观。例如，沈阳铁西重型文化广场上的"持钎人"主题雕塑成为该城市工业发展印记的文化象征，它选取了沈阳工业文明中最具有象征意义的经典形象，用抽象写意手法再现了两名炼钢工人辛勤劳动的景象，体现了沈阳的老工业基地特色和工业文化底蕴。

（3）图案和颜色也可以成为城市的核心符号。一个独特的图案或特定的颜色组合可以成为城市的标志，让人们在看到它时立即联想到该城市。比如，伦敦地铁的地图及红色双层巴士成为伦敦的象征。

在选择城市核心符号时，需要确保它能够准确传达城市的核心价值和形象。这意味着符号应该与城市的历史、文化和特色密切相关，并且能够引起人们的共鸣和认同。同时，城市符号还应具备辨识度，让人们一眼就能够将其与该城市联系起来。通过选择一个具有代表性和辨识度的符号作为城市的核心标志，可以帮助城市塑造独特的形象，并更好地传达城市的核心价值和吸引力。这个符号将成为城市品牌的重要组成部分，用于标识城市及在宣传和推广中发挥作用。

3. 制定符号规范

为了确保符号在各类媒体和场合中的一致性和有效传播，需要制定符号使用的规范和指南。这包括符号的设计原则、应用场景和使用方式等。

（1）符号的设计原则是制定符号规范的基础。符号应该具有简洁、清晰和易于识别的特点。避免过于复杂的图像或细节，以确保符号在不同尺寸和背景下都能够清晰可辨。

（2）要明确符号的应用场景。符号可以应用于各种媒体和场合，包括印刷品、广告、标识牌、宣传物料和数字媒体等。需要确定符号在各类媒体上的尺寸、颜色模式和分辨率等要求，以保证符号在不同媒体上的表现效果一致。

（3）还需要规范符号的使用方式。符号应该在合适的背景和环境中使用，以确保符号与周围的元素相互衬托。符号的位置、比例和间距也需要进行规范，以保持整体的平衡和美感。

此外，还需要注意符号的保护和授权。制定符号规范时，需要明确符号的版权和商标保护措施，并制定符号的使用授权流程，防止未经授权的使用和滥用符号。

（4）为了方便符号的应用和传播，可以提供符号的标准文件和样式指南。标准文件可以包括符号的矢量图形文件、颜色代码和字体规范等。样式指南可以详细说明符号的正确使用方式和注意事项，以便相关人员参考和遵循。

通过制定符号规范，可以确保符号在各类媒体和场合中的一致性和有效传播。这将有助于加强城市品牌形象的统一性和认知度，使符号成为城市文化的重要组成部分，并在宣传和推广中发挥更大的作用。

4. 公共空间应用

将符号应用于城市的公共空间，可以通过雕塑、壁画、景观设计等方式来实现。这样可以将符号融入城市的环境中，成为城市的地标和亮点。

一种常见的方式是通过雕塑来展示符号。雕塑可以作为符号形象的基础元素，以艺术表现手法和形式呈现在公共空间中。例如，如果城市的核心符号是一种动物，可以在广场或公园中设置一座相应的雕塑，让人们在欣赏美丽的雕塑同时也能够联想到该城市。另一种方式是利用壁画来展示符号。壁画可以在建筑物的外墙或公共设施上进行绘制，使符号成为城市街头的亮点。这种方式可以通过色彩的运用和绘画的技巧，将符号以生动而吸引人的方式呈现出来，增添城市的艺术氛围和个性特色。此外，景观设计也是一个重要的方式。可以通过花坛、公园景区和绿化带等方式来展示符号。例如，在花坛中布置符号图案的花卉，或在公园景区中设计与符号相关的景观元素，这样可以使符号与自然环境相融合，为人们提供一个独特而愉悦的公共空间。

无论是通过雕塑、壁画还是景观设计等方式，将符号应用于城市的公共空间都能够为城市增添独特的视觉魅力和文化氛围。这不仅可以成为城市的地标，吸引游客和居民的注意，也可以加强城市形象的传播和认知，让人们对该城市产生更深的记忆和情感连接。

5. 文化活动展示

将符号运用于城市的文化活动和节庆中，可以加强符号的传播和宣传效果。通过将符号作为活动的主题和装饰元素与表演、展览、庆典等相结合，可以让人们更加深入地了解和体验符号所代表的城市形象和价值。

一种常见的方式是将符号作为活动的主题。例如，为城市的重要节日或文化庆典选择一个与符号相关的主题，并在活动中以其为核心。这样可以通过各种活动形式来展示符号的意义和象征，增加人们对符号的认知和理解。另一种方式是将符号作为活动的装饰元素。可以利用符号的形象和颜色，设计活动的场景布置、背景墙、道具等。这样可以在文化活动的现场营造出浓厚的符号氛围，让参与者感受到符号所代表的城市特色和文化内涵。此外，在活动中融入符号的表演和展览也是一种有趣的方式。可以邀请艺术家或表演团队创作与符号相关的舞蹈、音乐、戏剧等节目，或者举办与符号相关的展览和艺术品展示。这样可以通过多种艺术形式将符号以生动而具体的方式呈现给观众，进一步加强符号的传播效果。

在文化活动中展示符号不仅可以增加活动的吸引力和独特性，还能够深入人心地传达城市的核心价值和形象。通过与活动相结合，符号可以更加生动地展示给观众，让他们对城市的符号有更深刻的认知和情感连接。这将为城市的文化活动带来更多的参与者和关注度，并推动城市形象的传播和发展。

6.对外宣传推广

将符号应用于城市的宣传和对外推广活动中，能够提升城市的知名度和吸引力。通过在广告、宣传品、旅游手册等上使用符号，可以使人们对城市的形象产生深刻的记忆和情感连接。

（1）在广告中使用符号是一种有效的方式。可以在电视广告、报纸杂志、互联网广告等媒体中运用符号。符号可以成为广告的核心元素，以突出城市的独特卖点和吸引力。通过将符号与具体的产品、服务或体验相结合，可以让观众在看到广告时立即联想到该城市，进而激发他们对该城市的兴趣和好奇。

（2）宣传品也是一个重要的渠道。可以在各类宣传品上使用符号，如海报、折页、明信片等。符号可以作为设计的主要元素，以吸引人们的注意并引起他们的共鸣。通过在宣传品中展示符号，可以将城市的形象和价值传达给目标受众，同时以一种可视化的方式来展示城市的特色和亮点。

（3）旅游手册也是一个重要的市场推广工具。在旅游手册中使用符号可以有效吸引游客的关注，并激发他们对城市旅游的兴趣。符号可以用于插图、地图和页面设计，通过视觉形象的方式来呈现城市的独特魅力和旅游资源。

通过将符号应用于市场推广和宣传活动中，可以增加城市的知名度和吸引力。符号作为一个独特的标识，在广告、宣传品和旅游手册等上展示，可以让人们对城市产生深刻的印象，并激发他们去探索和体验这座城市。这将为城市带来更多的游客、投资者和机会，促进城市的发展和繁荣。

7. 利用媒体平台

将符号进行整合，并利用城市的数字媒体平台进行传播，如官方网站、社交媒体等，是一种推广和传播城市文化符号系统的有效方式。通过发布相关内容、举办互动活动等方式，可以让更多人了解和参与到城市的文化符号系统中。

（1）官方网站是展示城市形象和信息的重要渠道之一。在官方网站上增加与符号相关的页面或专区，详细介绍符号的意义、设计原则、使用场景等，以及与符号相关的城市文化活动和资源，可以为网站访问者提供一个全面了解城市符号的平台，并鼓励他们进一步探索城市的文化特色。

（2）社交媒体平台是与广大受众进行互动和传播的重要工具。可以利用各类社交媒体平台,如微博、公众号等,通过发布有关符号的内容,如照片、视频、故事等,来吸引用户的关注和参与。可以设置特定的标签或话题,让用户分享自己与符号相关的经历和观点,从而扩大符号的影响力和知名度。另外,也可以举办互动活动来促进用户参与城市的文化符号系统。例如,举办征集符号设计创意的比赛或活动,邀请公众通过投票或评选等方式选择最受欢迎的城市符号。也可以组织线上或线下的文化体验活动,让参与者亲身感受和体验符号所代表的城市文化价值。

通过整合数字化媒体,将符号融入城市的官方网站和社交媒体平台中,并利用互动活动的形式,扩大符号的影响范围,提高用户的参与度和互动性。这样不仅使城市的文化符号系统更加生动和有趣,还能够促进城市形象的传播和提升城市的知名度。

8. 引导居民参与

鼓励居民参与城市文化符号系统的建设和推广,促进他们对城市文化的认同感和归属感。可以通过组织相关比赛、征集意见等形式,让居民参与到城市符号设计和使用中来。

(1)可以通过组织相关比赛的形式。举办城市符号设计、创意征集等比赛,邀请居民参与。可以通过宣传渠道广泛宣传比赛,并提供奖励或荣誉给获胜者。这样可以激发居民的创造力和参与热情,同时也能够收集更多有关符号的设计和构思。

(2)通过征集意见的形式。开展调查问卷或线下活动,征集居民对城市符号的意见和建议。通过提供渠道让居民表达自己的观点,可以让他们感到自己的声音被重视,增加对城市符号的认同感。可以利用这些建议来改进和完善城市符号系统,并将居民的参与纳入决策过程中。

(3)通过参与活动的形式。组织与城市符号相关的文化活动,如艺术展览、博览会、庆典等。鼓励居民积极参与并分享自己与城市符号相关的经历和观点。这样既可以增强居民与城市符号的联系,也可以加强他们对城市文化的认同感。

(4)通过多方合作的形式。与学校、社会组织和非营利机构合作,共同开展与城市符号相关的项目。通过合作,可以将城市符号系统的建设和推广纳入各方发展的议程中,并促进不同群体之间的合作和交流。居民参与到城市文化符号系统的建设和推广中,不仅能够引导他们深入了解和关注城市符号,还能够增强他们对城市文化的认同感和归属感。与此同时,居民的参与也能为城市符号系统的完善和发展提供宝贵的意见和新的创意。

建立城市文化符号系统十分重要,它是表达城市文化形象和价值观的有力工具。通过符号的设计、使用和展示,可以向内外界清晰地传达城市的核心文化特征,使人们更好地理解城市的文化背景和精神内涵。通过建立一个完整的城市文化符号系统,城市能够准确传达自身独特的文化形象和价值观,提升城市的品牌形象和认可度,并促进城市文化的传承与创新发展。

以沈阳为例,如要建立沈阳城市的文化符号系统,需要深入探究并整合沈阳城市文化的优质资源,如盛京文化、工业文化等,将城市文化特色具体化、直观化，提升塑造城市品牌形象的能力，对构建沈阳城市文化体系、传播与推广沈阳城市品牌、提升沈阳城市文化形象具有重要的意义和突出的价值。城市文化符号系统建立应包含市徽、市歌、市花、城市口号和代表性地标建筑在内的一系列可被识别的具体化、直观化的典型符号，同时也应体现出城市地域文化内涵，象征城市的核心精神。

具备"识别性、代表性、独特性、地域性、时间性和传播性"六大要素的城市文化符号与城市品牌形象的融合将会使城市彰显特色，品牌形象大大提升。将城市文化符号融入城市品牌视觉形象设计的过程，可以借鉴广告学中关于企业品牌文化理念和品牌识别体系（CIS）的相关理论，建构"城市品牌的精神、内涵和价值观"，打造"理念识别、行动识别、视觉识别"体系，从而保障城市品牌作为城市外在形象的统一性与公认度、识别度与可传播化。

城市文化符号系统作为城市品牌的一部分，可以帮助树立城市在人们心中的形象和认可度。符号作为城市的标识和象征，可以让人们迅速联想到城市所代表的特色和价值，增加城市的知名度和吸引力，吸引更多人前来投资、生活和旅游。通过城市文化符号系统，可以促进城市文化的传承和创新。符号作为一种传统的视觉语言，可以传递城市的历史、民俗和艺术。同时，符号也可以适应时代的变化和文化的发展，通过创新的设计和使用方式，为城市注入新的活力和创意。通过建立一个完整的城市文化符号系统，城市能够准确传达自身独特的文化形象和价值观，提升城市的品牌形象和认可度，并促进文化的传承与创新。

第四节 城市文化传播推广策略

城市文化传播推广是为了深入推介和传播城市的独特文化魅力，增强城市的知名度和吸引力。城市文化的传播推广能够展示城市的独特魅力，通过城市文化传播推广，可以展示城市独特的历史、文化和艺术资源，突出城市的魅力和个性。这有助于吸引人们的关注和兴趣，增加他们对城市的好奇心和探索欲望。城市文化传播推广能够提升城市的知名度，通过有效的城市文化传播推广，可以提升城市在国内外的知名度。当人们对城市的文化形象和特色有了更多了解后，会更有意愿去游览、学习或投资该城市，从而为城市带来更多的机遇和发展。

城市文化传播推广能够促进旅游业的发展，城市文化传播推广是促进旅游业发展的重要手段之一。通过宣传城市的文化景点、传统节庆、美食文化等，吸引更多游客前往参观和体验，促进文化旅游业的繁荣发展，为城市创造更大的经济效益。城市文化传播推广能够推动文化产业的兴旺。城市文化传播推广不仅能够吸引游客，还能够为文化产业的发展提供良好的舞台。通过展示城市的文化艺术、设计创意等，能够激发创造力和创新思维，推动文化产业的繁荣与兴盛。城市文化传播推广能够增强城市居民的归属感，城市文化传播推广有助于加深城市居民对自己所处城市的认同感和自豪感，进而促使他们更有参与感和责任感地去参与城市建设发展。这有利于形成良好的社会氛围，促进城市的进步与繁荣。

总之，城市文化传播推广的目的和意义在于展示城市的独特魅力，提升知名度，促进旅游业和文化产业的发展，增强城市居民的归属感。通过有效的推广，可以让更多人了解、认同并喜爱城市的文化，以此推动城市的可持续发展和繁荣。

城市文化传播推广是一个综合性的过程，需要全方位多维度考虑，以下是一些城市文化传播与推广的具体策略。

1. 定位品牌形象

一座城市的品牌形象定位是非常关键的，因为它直接影响着城市文化在传播和推广过程中的效果。城市的品牌形象是城市核心价值观和文化特色的具体展示，为了更好地对城市品牌形象进行传播，可以通过简洁而吸引人的品牌口号和标志等形式来将其传递给公众。

每个城市都有其独特的历史背景、文化特色、地理位置和人文景观，这些因素都能够对定位城市品牌形象产生影响。可以利用城市的特点进一步明确城市的核心价值观，进而定位城市的品牌形象。举例来说，如果一座城市是以创新和科技发展为特点的，那么就可以将其核心价值观定义为"创新、科技、未来"，进而把城市品牌形象定位在"科技之城"。城市的自然景观、建筑风格、文化遗产或特色产业等在定位城市品牌形象方面也非常重要。这些资源能够更好地突出城市的特色和优势。例如，一座城市拥有美丽的山水风光，就可以将其品牌形象定位在"自然奇观、美丽风景"上，树立"秀丽之城"的城市品牌形象。一旦将城市品牌形象明确定位，就可以将其转化为简洁而富有吸引力的品牌口号和标志。口号能够简洁明了地传达城市的核心价值观和特色文化，同时激发人们对这个城市的兴趣和好奇心。标志则能够形象直观地表达城市的特色和魅力。为确保品牌形象能够准确传达城市的文化特色和魅力，还要注意在设计品牌宣传材料时注重细节，应使用符合城市形象的颜色、字体和图案，并结合相关的文字描述来准确展示城市的独特魅力。

总之，定位城市品牌形象是一项重要且复杂的工作，通过凝练城市的核心价值观，发掘城市的特色文化，以及将其转化为简洁而富有吸引力的品牌口号和标志，能够有效地传达城市的文化特色和魅力，吸引更多人的关注和参与。

2. 制定传播策略

为有效地传播城市的文化特色，应根据目标受众的特点和喜好，制定相应的传播策略。举例来说，可以通过利用各种媒体平台、举办文化活动、加强专业化培训、建立跨界合作等方式来传播城市的文化特色。

数字时代背景下，利用各种媒体平台来传播城市的文化特色是有效的传播途径。例如，在官方网站、社交媒体和移动应用程序上发布有关城市文化的宣传内容，比如照片、视频、故事等，通过多媒体形式展示城市的独特之处，目的是吸引目标受众的注意力并激发他们的兴趣。举办特色活动也是吸引受众参与体验城市文化的重要手段。通过组织丰富多彩的文化活动，如节庆活动、博览会、音乐会、艺术节等，使大众亲身参与和体验城市的文化特色，了解城市的历史和民俗文化，感受城市的艺术文化氛围。加强培训专业导游和文化解说人员在传播城市文化方面也发挥了重要作用。专业导游和文化解说人员应具备深入了解城市文化知识和熟练进行城市文化讲解的能力，他们能够通过在旅游景点、博物馆和文化遗址等场所的导览服务中将城市文化传播出去。因此，加强导游和文化解说人员的专业化培训十分重要也十分必要。通过与其他相关行业或组织建立合作伙伴关系，进行跨界合作，共同推广城市的文化特色也是有效的传播方式。例如，与时尚品牌合作设计城市主题的服装或产品，与音乐或电影产业合作进行联合宣传等。通过这种方式能够将城市文化融入更广泛的领域中，并起到意想不到的传播效果。因此，制定科学有效的传播策略，能够吸引更多受众的关注和参与，提升城市的知名度、品牌形象和认可度，同时也能够促进城市文化的传承与创新发展。

3. 媒体平台宣传

利用电视、广播、互联网等多种媒体平台和传播渠道进行宣传推广。通过策划制作内涵丰富的宣传视频、拍摄精美的图片、发表特色文章等形式，全面多维度地展示城市的独特魅力和文化内涵。

可以通过策划制作内涵丰富的宣传视频，以生动的画面和音效展示城市的独特之处，能够给观者带来更好的体验，留下深刻的印象。视频内容策划中可以包含城市的历史遗迹、旅游景点、特色文化活动、当地美食及当地的风土人情等，使观众能够全方位地感受一座城市独特的魅力。视频内容可以通过电视台、社交媒体和官方网站等渠道发布，目的是吸引不同受众群体的关注和分享。可以利用宣传城市精美图片的形式，来展示城市的美丽风景、建筑艺术和文化景观等。这些图片可以用于制作海报、各类广告及宣传册等，将其在人流密集的公共场所等处进行展示，能够吸引更多人的眼球并激发他们对城市的浓厚兴趣。还可以利用特色文章的形式进行宣传，通过对城市文化的描述和解析，深入介绍城市的历史、传统、艺术和民俗等文化内容，并将文章在报纸、杂志、官网、微信公众号、微博等渠道进行发表，使不同受众群体的读者都能够更深入地了解城市的文化内涵。在微博、微信等社交媒体平台上发布的城市宣传内容，如特色景点介绍、活动信息等，可以进行定期的动态更新，还可以与粉丝互动并鼓励分享。应充分利用线上互动活动的形式，通过互联网平台组织线上互动活动，城市文化知识竞赛、摄影比赛和文化故事征集等。这些活动可以增加参与者的互动和参与感，同时也为城市宣传提供了更多的素材和内容。通过全方位的宣传内容策划制作及多渠道的宣传推广，有效扩大传播范围，吸引不同受众群体对城市文化特色的关注。

过利用多媒体平台对城市文化进行宣传推广，能够更好地展示城市的独特魅力和文化内涵，能够吸引更多受众的关注和兴趣，提升城市的知名度和品牌形象，促进文化产业与旅游产业的发展。

4. 举办特色活动

为推动城市发展，增强城市凝聚力，以城市品牌形象定位为基础，举办各类特色文化活动就变得十分必要。通过举办多样化的特色文化活动，可以引导更多受众积极参与，提升城市的知名度和吸引力。这些特色活动既要能够展示城市的文化特色，也要有助于推动城市创意产业的发展。

例如，音乐会是一种受欢迎的文化活动形式，它可以呈现多种音乐风格和表演形式，也是音乐家和艺术家展示才华的舞台。通过举办不同类型的音乐会，如古典音乐会、流行音乐会或当地传统音乐会等，可以满足不同受众人群的喜好。音乐会不仅能够为观众带来听觉享受，它还是一种优雅浪漫的城市文化传播方式。艺术展览是向公众展示城市艺术文化动态和发展的重要方式之一，艺术展览可以促进本地艺术家的交流和合作，激发更多的创意和灵感。通过不同的艺术展览形式，如绘画、雕塑、摄影等，为受众提供欣赏和了解城市艺术发展的体验。舞蹈演出是一种身体表现力强、富有活力的文化活动形式，因其独特的感染力，常受到大众的欢迎和喜爱。通过举办舞蹈演出，可以向大众展示各种舞蹈风格和技巧。如现代舞、古典舞、民族舞等，这些舞蹈风格都能够传达出独特的城市文化信息和情感。舞蹈演出不仅能给观众带来视觉上的享受，也能让他们跟随音乐的节奏感受到身心的愉悦，在美的享受中自然接受城市文化的传递。文化论坛是一个促进思想交流和文化创新的平台，是城市文化交流传播的有效方式，专家学者和艺术家可以在文化论坛中分享研究成果和创作经验，他们在论坛中沟通与互动，交流不同的观点和见解，这种交流将有助于促进彼此合作，推动城市文化领域的蓬勃发展。

总之，以城市品牌形象定位为基础，举办各类特色文化活动是丰富城市生活和提升城市形象的重要途径。通过举办艺术展览、文艺演出和文化论坛等活动形式，能够展示城市的独特魅力和多元文化，吸引更多受众参与其中，更好地促进城市的文化交流与合作，推动城市创意产业的发展。

5. 建立合作关系

与知名品牌企业、社会文化组织和知名媒体平台等建立合作关系，打造合作共赢项目，共同宣传推广城市的文化特色。可以通过联合举办活动、开展合作营销、共同宣传等形式，大力宣传城市文化，扩大城市影响力，提升城市知名度。可以与知名品牌企业、社会文化组织和知名媒体平台合作，联合举办各类主题文化活动，为城市带来更多的资源和支持。例如，与当地博物馆合作，举办主题展览；与艺术机构合作，举办联合演出；或者与旅行社合作，推出特别的旅游产品等。这种合作可以通过共同利用各自的优势，提高活动的质量和影响力。与知名品牌企业、社会文化组织和知名媒体进行合作营销，能够在更广泛的范围内宣传城市的文化特色。例如，可以与当地知名餐厅、酒店、商场等商户合作，在其场所进行宣传推广；也可以与航空公司、旅行社等合作，打造特别的旅游套餐或优惠活动；还可以与知名媒体合作，进行联合广告宣传或赞助文化节目。通过这些合作，可以扩大城市的知名度和吸引力，吸引更多游客和参观者。与知名品牌企业、社会文化组织和知名媒体共同制作宣传材料也能够提高城市文化的宣传效果。可以通过联合制作宣传视频、海报、宣传册等形式，展示城市的独特魅力和文化内涵。这些宣传材料可以通过合作伙伴的网络平台、门店或旅游信息中心等渠道发布，通过联合宣传引起更多人的兴趣，吸引更多人的关注。

建立合作关系是推广城市文化特色的重要手段，通过与知名品牌企业、社会文化组织和知名媒体等共同举办活动、开展合作营销和制作宣传材料等合作形式，能够提高城市文化的宣传推广效果，扩大城市的影响力和知名度，为城市文化发展吸引更多的优质资源，促进城市文化产业的发展。

6. 利用社交平台

信息化时代，社交媒体和在线平台已经成为宣传推广城市文化的重要渠道。充分利用媒体平台，如微博、微信、抖音等，能够快速有效地建立城市文化在线品牌形象，吸引更多的粉丝群体。通过在媒体平台上发布有趣的城市话题，话题内容可以是短视频、图片、短文等多样化的形式；还可以通过建立线上互动、组织线上活动等形式，增加城市的话题性、提升话题的活跃度，达到更好的传播效果。

发布有趣、独特的城市话题是吸引粉丝关注的关键。可以通过文字、图片、视频等多种形式展示城市的自然景观、文化风貌、名胜古迹和特色活动等。此外，还可以通过分享当地美食、民俗、艺术和音乐等，让粉丝们更深入地了解城市的文化特色，感受城市的文化魅力。创新的内容和独特的视角能够吸引更多受众的关注和参与。与粉丝进行互动是建立忠实粉丝群体的重要手段。可以通过回复评论、点赞粉丝留言等形式，积极参与讨论，并与粉丝建立互动；也可以通过开展问答活动、抽奖或投票等互动方式，增加粉丝的参与感，提升粉丝的忠诚度。通过与粉丝互动建立起紧密的关系，增强粉丝对城市文化的认同感和归属感。利用社交媒体和在线平台，可以组织各类线上活动，如文化知识竞赛、摄影比赛、文化故事分享等。这些活动能够激发粉丝的参与热情，同时也能够为城市文化宣传提供更多的创意灵感和宣传素材。通过这些活动，不仅能够提升城市的话题性和传播效果，还能够扩大城市文化的影响力。定期更新和推广城市文化的相关内容是保持粉丝兴趣的重要手段。可以制订一个发布计划，定期发布新的内容，使粉丝们保持关注和互动。此外，可以合理运用一些推广策略，如合作推广、跨界合作等，将城市文化的信息传递给更多的人群。

充分利用社交媒体和在线平台，通过制造城市话题、建立线上互动、组织线上活动等形式，打造城市文化的在线品牌形象，吸引更多的粉丝群体，更好地提升城市的话题性和传播效果。

7. 加强文化教育

加强城市文化教育，提高各类受众群体对城市文化的认知和理解，在城市文化传播推广中十分重要。城市的文化教育形式丰富多样，可以是主题鲜明的专题讲座，也可以是体验感十足的实践活动，还可以是通过参观展览的形式接受润物细无声的文化洗礼。无论是哪一种形式的文化教育，目的都是引导参与者对城市文化深入的消化理解，进而能够进行积极正向的传播。以参观展览为例。专业的解说人员能够为游客提供深度的文化解读，在参观展览过程中，游客通过生动有趣的讲解和互动体验，感受解说人员向自己传递的城市文化信息，这种传递十分自然，且能够给游客留下深刻的印象。

举办专题讲座是传递城市文化的有效方式，可以有针对性地选择文化主题，并邀请这一领域权威的专家学者、艺术家或文化工作者等，通过讲座的形式全面深入地将城市文化知识予以传播。讲座不仅能够提高城市文化的认知和理解，还能提升学习城市文化的兴趣。开展实践活动是更加鲜活的文化教育形式，通过实践活动，能够体验并参与文化传承和交流中去，从而更好地理解和欣赏城市文化，增进对城市文化的了解和尊重。实践活动的形式丰富多样，包括参与文化表演、手工制作、传统技艺等活动。通过亲身参与，使人能够更加深入地体验到文化的魅力和乐趣。例如，学习传统舞蹈或音乐、学习绘画或书法等艺术技能，将有助于学习者更加全面地了解和感受文化的内涵。组织参观展览是一种体验式的文化教育方式，人们可以亲身感受并学习到丰富多样的文化内容，拓宽视野，增长知识。在参观展览时，通过近距离欣赏各种艺术作品、历史文物、科技成果等，感受其独特的价值和意义。或是通过触摸、互动等方式与展品进行亲密接触，获得身临其境的感受。通过观察和解读，能够更好地了解和感受文化的内涵。例如，在科技类展览中，人们可以参与各种实验和互动项目，探索科技的发展和应用；在艺术类展览中，人们可以欣赏到不同形式的艺术作品，并思考和感受作者的创作意图。

举办专题讲座、开展实践活动和组织参观展览都是非常常见且有效的加强文化教育的形式。这些形式能够帮助人们更好地了解、欣赏、感受和体验文化的多样性，提高个人素养和文化水平，促进文化的传承和交流。因此，加强文化教育，对个人的文化修养和社会的文明进步都将产生积极的影响。

8. 促进交流合作

为推动城市文化走向世界舞台，应该积极参与国内外的文化交流活动。

主要包括参加文化论坛、文化展览、艺术节等各种形式的，能够促进交流合作的活动。并通过与其他国家或地区的文化机构或个人等建立合作关系，将城市的文化特色传播到更广阔的地域和受众群体。

例如，可以邀请其他国家或地区的文化机构参与合作，共同举办主题展览、艺术展示或演出活动。通过联合展示城市独特的文化元素和艺术作品，吸引更多观众的注意力，制造舆论热点，从而提升城市的文化影响力。通过开展文化旅游推广活动，可以向其他国家或地区的游客宣传城市的文化特色。例如，可以联合旅行社、航空公司等合作伙伴，推出特别的文化旅游产品或线路，吸引游客前来体验城市的独特魅力。还可以通过艺术交流活动互相学习和切磋艺术技巧，拓宽城市文化的视野，促进不同文化之间的融合与创新。此外，举办或参与国际文化节是向世界展示城市文化软实力的重要机会。可以通过举办或参与国际文化节，充分展示城市的文化特色和创意产业，吸引国际眼球，提升城市的知名度和影响力。

通过积极参与国内外文化交流活动，与其他国家或地区的文化机构及个人等建立合作关系，可以将城市的文化特色更广泛地传播推广。文化论坛、文化展览、艺术节等促进文化交流的活动，能够为城市文化带来更多的曝光率和认可度，促进不同文化之间的交流与合作，这些文化交流活动与合作将为城市的文化发展和传播推广带来更多的机遇和挑战。

9. 树立形象代言

为城市树立形象代言也是城市文化传播推广的有效手段。在当今社会，城市形象的塑造和文化推广变得越来越重要。为了更好地树立城市形象，将英雄人物、知名人士、明星等作为城市形象代言人，也是树立魅力城市形象十分有效的措施。通过充分利用他们的知名度和影响力，提升城市文化宣传的曝光度和关注度，进而吸引更多人了解和关注城市，为城市建设发展带来更多机遇，促进城市形象的树立和城市文化的推广。

城市形象代言人是城市展示自身独特魅力和吸引力的重要角色，选择不同类型的形象代言人各有其独特优势。如果将英雄人物作为城市形象代言人，不仅可以为城市增添一份神秘感与英勇气息，还能够使公众对英雄肃然起敬，产生共情，吸引大众更加亲近和热爱这座城市。如果选择知名人士作为城市形象代言人，也有其潜在优势。知名人士往往具有广泛的影响力和号召力，在社交媒体上也拥有大量的粉丝群体。将他们作为城市形象代言，可以迅速传播城市的优势和特点，吸引更多的目光和关注。例如，邀请知名人士作为城市的公益大使，共同倡导环保、教育、文化保护等公益事业，通过公益活动的开展，向公众宣传城市文化，并传递城市正面形象和价值观，这对城市形象树立十分有益。选择明星作为城市形象代言人，也是一种广泛采用的策略。明星往往享有广泛的知名度和影响力，明星的个人形象和成功故事都可以为城市树立起独特的品牌形象。他们通常在娱乐圈和社交媒体上拥有大量的粉丝和追随者，通过他们的形象代言，可以为城市带来更多的曝光和关注，促进城市迅速提升认知度，扩大知名度，树立起独特而有魅力的城市形象，吸引更多投资者和游客的目光。

10. 建立监测机制

在城市文化传播推广过程中，建立一个监测机制是非常重要的。这个监测机制可以帮助评估传播推广活动的效果和影响，并及时进行必要的调整和优化，以提高传播推广的效果和效益。

（1）设立指标和目标。在开始传播推广活动之前，设立明确的指标和目标非常重要。可以确定关键的衡量指标，如参与人数、观众反馈、社交媒体互动等，以评估活动的效果和影响力。同时，也需要设定合理的目标，根据不同活动的性质和规模来制定可衡量的预期成果。

（2）数据收集与分析。通过数据收集与分析，可以了解传播推广活动的实际效果。可以利用多种方式收集数据，如问卷调查、访客统计、社交媒体数据等。通过对这些数据进行综合分析，可以得出活动的参与度、观众反馈和社会影响等方面的信息，从而对活动的效果进行评估。

（3）信息反馈和评估。除了数据收集与分析，还应该及时获取参与者的反馈和意见。可以通过问卷调查、焦点小组讨论等方式收集参与者的看法和建议。这些反馈可以提供宝贵的信息，帮助评估活动的效果，并发现需要改进和优化的方面。

（4）活动调整和优化。基于监测和评估的结果，进行必要的调整和优化是确保传播推广活动持续改进的关键步骤。根据收集到的数据、反馈和评估结果，可以识别出活动中存在的问题或不足之处，并采取相应的措施进行调整和优化。具体改进完善内容包括改进活动内容、增加互动元素、优化传播渠道等，以提高传播推广的效果和效益。

通过建立监测机制，定期评估传播推广活动的效果和影响，可以及时发现问题并进行调整和优化。这样能够确保城市文化宣传活动持续改进，提高其效果和效益,为城市的形象建设和文化推广提供更好的支持。

城市文化体系构建与传播是一个复杂而综合性的工程。在这个过程中,需要考虑到多方面的因素和要素,以确保形成具有独特魅力和内涵的城市文化形象,并将其有效地传播给更多的受众。

后　记

1. 深入挖掘整合资源

城市文化体系的构建需要深入挖掘和整合城市的历史、艺术、建筑、风俗习惯等方面的资源。通过对城市的文化遗产和传统的研究和保护，凝聚城市的文化底蕴，形成独特的文化特色。同时，还需要注重现代文化的创新和发展，结合当代人们的需求和兴趣，打造符合时代潮流的城市文化形象。

2. 加强多方协同合作

城市文化体系的构建需要充分发挥政府部门、文化机构等多方的作用政府部门、文化机构、企业和社会组织等应加强协同合作，共同推进城市文化的建设和推广。政府部门应制定相关政策和规划，提供资金和支持，为文化项目合作和文化活动创造良好的环境和条件。文化机构和组织则应积极开展文化推广活动，丰富城市的文化内涵，提高城市文化的影响力和吸引力。

3. 利用多渠道与媒介

城市文化体系的传播需要借助多种渠道和媒介。随着科技的发展，互联网、社交媒体等新兴媒介成为重要的传播工具。通过建立城市文化官网、开展网络文化营销等，可以使城市文化的信息更加便捷地传递给大众。同时，还需要利用传统媒体，如电视、报纸和广播等，通过新闻报道、专题节目等形式来展示城市的文化魅力。此外，举办文化活动和节庆活动也是有效的传播手段，能够吸引更多人参与和了解城市文化。

4. 持续努力与重视投入

城市文化体系的构建与传播需要长期的持续努力和投入。这不仅需要政府部门的重视和支持，还需要全社会的共同参与和努力。人们应增强对城市文化的自豪感和认同感，积极参与到城市文化的建设和传播中去。只有通过共同的努力，城市文化才能得以传承和发展，为城市的形象塑造和发展做出积极贡献。

综上所述，城市文化体系构建与传播是一项复杂而综合性的工程。在这个过程中，需要考虑多种因素和要素，充分发挥各方的作用，利用多种渠道和媒介来传播城市的文化特色和魅力。只有通过持续的努力和投入，才能够形成具有独特内涵和吸引力的城市文化形象，才能够促进城市的发展和繁荣。

参考文献

[1]江平.城市品牌形象塑造与传播研究[M].武汉：武汉大学出版社，2018.

[2]周勇.城市史视域下的城市文化研究：以重庆文化体系为中心的探讨[J].武汉学研究，2019（2）：285—302.

[3]马晗初.新形势下城市文化建设的思考[C]湖南省城市文化研究会.湖南省城市文化研究会第三届学术研讨会论文集，2007：43—48.

[4]庄若江.构建无锡城市文化标识体系的对策思考[J].无锡：江南论坛，2020（7）：7—9.

[5]唐燕.文化、创意产业与城市更新[M].北京：清华大学出版社，2016.

[6]冷云生，杨中楷.城市文化建设的系统性思考[J].太原：系统辩证学学报，2002（1）：50—53.

[7]黄放，王柳晓.文化馆公共空间拓展路径研究[J].北京：中国文化馆，2021（1）：94—99.

[8]温玉杰.城市文化建设的先进理念与核心内容[J].吉林：珠江论丛，2019（Z1）：261—276.

[9]蒋继华."以人为本"视域下的城市文化建设[J].焦作：焦作大学学报，2013，27（3）：6—8.

[10]王春，王毅杰.新邻里视域下城市新建社区共同体复归及其可能[J].乌鲁木齐：新疆大学学报(哲学·人文社会科学版)，2016，44（3）：29—35.

[11]胡小武. 城市社会学[M]. 南京：南京大学出版社，2014.

[12]花建，等. 文化产业的集聚发展[M]. 上海：上海人民出版社. 2011.

[13]都市发展[M]. 上海：商务印书馆. 2008.

[14]沈劲夫，姚复怡. 激活、符号与城市：武汉城市文化的解析与建构[J]. 南京：南京艺术学院学报（美术与设计），2022（5）：192—197.

[15]文露. 成都城市品牌定位与符号建构研究[D]. 重庆：西南政法大学，2022.

[16]匡宇，王崇东. 基于地域文化的城市视觉符号设计研究[J]. 工业设计，2021（9）：133—134.